✦ 다양한 AI 학습 도구로 쉽게 배우는 인공지능 ✦

인공지능, 스크래치를 만나다

홍지연 지음

AI

YoungJin.com Y.
영진닷컴

ISBN   978-89-314-6315-6

독자님의 의견을 받습니다.
이 책을 구입한 독자님은 영진닷컴의 가장 중요한 비평가이자 조언가입니다. 저희 책의 장점과 문제점이 무엇인지,
어떤 책이 출판되기를 바라는지, 책을 더욱 알차게 꾸밀 수 있는 아이디어가 있으면 팩스나 이메일, 또는 우편으로
연락주시기 바랍니다. 의견을 주실 때에는 책 제목 및 독자님의 성함과 연락처(전화번호나 이메일)를 꼭 남겨 주시기
바랍니다. 독자님의 의견에 대해 바로 답변을 드리고, 또 독자님의 의견을 다음 책에 충분히 반영하도록 늘 노력
하겠습니다.

주   소 : (우)08507 서울특별시 금천구 가산디지털1로 128 STX-V 타워 4층 401호
이메일 : support@youngjin.com

파본이나 잘못된 도서는 구입하신 곳에서 교환해 드립니다.

STAFF
저자 홍지연 | **총괄** 김태경 | **기획** 정소현 | **디자인·편집** 김소연
영업 박준용, 임용수, 김도현 | **마케팅** 이승희, 김근주, 조민영, 김예진, 이은정 | **제작** 황장협 | **인쇄** 제이엠

머리말

인공지능 교육, 왜 필요할까요? 4차 산업혁명 시대의 최첨단 기술의 발전은 우리의 일상생활은 물론 사회, 문화, 정치, 경제, 교육 등 모든 것을 바꿔놓고 있습니다. 이런 변화의 최선봉에 있는 기술이 바로 빅데이터를 근간으로 하는 인공지능의 발전이며 이미 우리 사회는 인공지능 사회로 진입했다 볼 수 있습니다. 이러한 인공지능 사회로의 도래는 인공지능을 활용할 수 있는 인재를 필요로 하므로 인공지능 교육은 이제 전 세계적으로 선택이 아닌 필수입니다. 특히 우리나라의 경우 정보교육 종합계획이 발표되면서 초등학교 1학년부터 인공지능을 필두로 하는 정보교육이 체계적으로 시작된다고 합니다.

이런 때 놀이를 통해 인공지능의 개념과 원리를 익혀가는 〈인공지능, 언플러그드를 만나다〉 책을 출간하게 되었고, 많은 분들로부터 인공지능 교육의 시작을 어려운 기술 체험이 아닌 놀이를 통해 접근할 수 있어 좋았다는 격려와 응원의 메시지를 받았습니다. SW 교육에서 그러했듯이 놀이를 통해 SW 교육의 개념과 원리를 익혔다면 이와 관련된 컴퓨팅 활동으로 나아가는 그다음을 준비해야 합니다. 그렇다면 인공지능 놀이 다음의 교육은 어떠해야 할까요? 이에 대한 작은 해답을 제시하고자 다양한 AI 학습 도구로 쉽게 배우는 〈인공지능, 스크래치를 만나다〉를 준비하였습니다.

〈인공지능, 스크래치를 만나다〉는 우리 학습자들에게 더욱 다양한 AI 학습 도구를 활용해 인공지능의 세계를 마음껏 탐험할 수 있도록 구성하였습니다. 먼저 〈인공지능, 언플러그드를 만나다〉에서 체험했던 활동들을 되새기며 인공지능이 절대 어렵지 않은 것임을 이해시키고 선수 학습의 개념인 인공지능 언플러그드 활동편과 후속 학습의 개념인 인공지능 스크래치편이 자연스럽게 이어질 수 있도록 하였습니다. 〈인공지능, 언플러그드를 만나다〉 책을 학습하지 않았다 하여도 무리 없이 〈인공지능, 스크래치를 만나다〉 책을 따라 할 수 있도록 스캐폴딩해줄 수 있는 '참고하세요', '읽을거리'와 같은 다양한 장치를 역시 책 곳곳에 남겼습니다.

다음으로 구글에서 제공하는 티처블 머신의 이미지 프로젝트, 오디오 프로젝트, 포즈 프로젝트를 직접 경험해봄으로써 머신러닝의 작동 원리를 이해할 수 있도록 구성하였으며 이 과정에서 자연스럽게 데이터 편향성과 저작권 등과 관련된 인공지능 윤리 교육이 자연스럽게 이루어질 수 있도록 구성하였습니다. 또한, '오토드로우', '퀵드로우'와 같이 재미있게 인공지능 기술

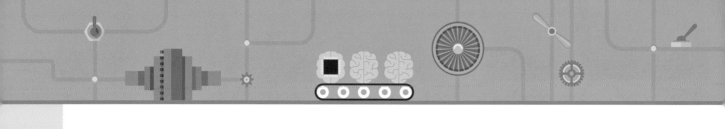

을 체험할 수 있는 도구를 소개하고, 직접 실습해볼 수 있도록 함으로써 인공지능이 데이터를 통해 학습하고, 정확도를 높여가고 있음을 알도록 하였습니다.

나아가 자신이 만든 머신러닝 모델로 어떤 문제를 해결하거나 세상에 필요한 프로그램을 만들어볼 수 있는 '머신러닝 포 키즈'를 활용해 다양한 인공지능 소프트웨어를 만들어볼 수 있도록 하였습니다. 좋은 말과 나쁜 말을 구분하여 알려주는 인공지능 나쁜 말 판별기 프로그램, 특정한 물건들을 구분하여 분류해볼 수 있는 인공지능 물건 분류기, 음성을 인식하고 해당 음성에 따라 움직일 수 있는 프로그램은 물론 직접 게임을 실행해 훈련 데이터를 쌓고, 머신러닝 모델을 만들어 스스로 판단해 유령을 피하는 인공지능 게임까지 우리 학생들이 흥미를 가지고 학습에 참여할 수 있는 다양한 활동으로 구성하였습니다.

이 밖에도 코딩 없이도 인간과 기계의 상호작용을 느껴볼 수 있는 챗봇 만들기, 간단한 자연어 처리 원리를 익힐 수 있는 AI 하우스 프로그램 체험 등을 통해 인공지능의 다양한 분야와 세계를 경험할 수 있도록 하였습니다. 말로는 생소하고 어려운 개념과 원리를 이런 다양한 AI 학습 도구를 통해 쉽고 재미있게 학습할 수 있도록 말이지요. 책에서 소개하는 다양한 AI 학습 도구와 재미있는 읽을거리를 통해 가족과 함께 또는 친구와 함께 즐겁게 체험하다 보면 어느새 인공지능에 대해 훨씬 친숙하게 느끼고 학습하고 있는 자신을 발견하게 될 것입니다.

두려워하기보다 미래사회에 대비한 교육을 준비해야 한다고 생각합니다. 아무것도 하지 않으면 그 어떤 변화도 일어나지 않습니다. 세상이 어떻게 바뀌고 있는지 그 움직임에 귀 기울이며 우리 학생들 역시 변화하는 사회에 대한 민감성과 통찰을 가질 수 있도록 해야 합니다. 인공지능 교육을 하는데 비싼 사교육이나 도구가 필요하다고 생각하지 않습니다. 다양한 경험과 체험을 통해 더 많이 생각하고, 더 다양하게 생각할 기회를 주는 것이 더욱 중요합니다. 이런 다양한 AI 학습 도구를 통해 인공지능 시대를 살아가야 하는 우리 아이들이 스마트한 지능뿐 아니라 삶을 즐길 줄 아는 인생의 주인공으로 거듭나기를 기대하며 이 한 권의 책이 우리 아이들의 즐거움과 배움에 작은 보탬이 되기를 희망해봅니다.

저자 **홍지연**

초등학교 교사
한국교원대학교 대학원 초등 컴퓨터 교육 박사수료

저서

언플러그드 놀이 시리즈 영진닷컴

즐거운 메이커 놀이 활동 시리즈 영진닷컴

학교 수업이 즐거워지는
엔트리 코딩 영진닷컴

알버트 AI로봇과 함께하는
즐거운 엔트리 코딩 [카드 코딩] 영진닷컴

인공지능,
언플러그드를 만나다 영진닷컴

 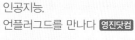 

- WHY? 코딩 워크북 예림당
- 코딩과학동화 시리즈 〈팜〉 지하농장편, 하늘농장편 길벗
- 소프트웨어 수업백과 상상박물관
- HELLO! EBS 소프트웨어 EBS 외 다수

인공지능 교육 어떻게 시작할까요?

❶ 초등학교에서도 인공지능 교육이 가능할까요?

가능합니다. 또한, 필요하다고 생각합니다. 이미 우리 아이들의 생활 속에 인공지능은 깊숙이 들어와 있습니다. 매일 아침 마주하는 AI 스피커가 인공지능 기술을 바탕으로 만들어졌음을 알고 사용했을 때 더 적절하게 사용할 수 있을 뿐 아니라 어떤 점이 개선되어야 하는지도 생각해 볼 수 있습니다. 단, 여기서 말하는 인공지능 교육은 어른들에게도 어려운 인공지능 학문에 대한 수준 높은 접근을 말하는 것이 아닙니다. 생활 속에 인공지능 기술이 어떻게 녹아있는지 알고, 세상이 어떻게 변해가고 있는지에 대한 민감성과 미래 사회에 대한 통찰을 키워갈 수 있는 소양을 가질 수 있도록 하는 인공지능 교육을 의미합니다.

❷ 인공지능 책을 시리즈로 만든 이유는 무엇인가요?

〈인공지능, 언플러그드를 만나다〉는 인공지능 교육을 처음 접하는 학생들 또는 어린 학습자들을 위한 입문서라고 할 수 있습니다. 인공지능의 개념과 원리를 놀이를 통해 접근하기 때문에 누구나 쉽게 즐기며 학습할 수 있습니다. 하지만 놀이가 놀이로서 끝나면 그 교육적 효과가 지속되기 어렵습니다. 놀이에서 배운 다양한 개념과 원리를 직접 체험해볼 수 있는 그다음 단계의 교육이 필요합니다. 그래서 다양한 AI 학습 도구를 활용한 〈인공지능, 스크래치를 만나다〉를 통해 더욱더 넓고 다양한 인공지능의 세계를 경험할 수 있도록 시리즈 책을 기획하였습니다. 그리고 그다음 편인 〈인공지능, 엔트리를 만나다〉에서는 보다 깊게 인공지능 기술을 활용한 프로그램을 만들어볼 수 있도록 함으로써 인공지능 활용 SW 교육까지 나아가고자 합니다. 재미있는 놀이로 시작한 인공지능 교육이 다양한 체험과 경험을 거쳐 자신만의 인공지능 프로그램을 만들어볼 수 있는 인재로 나아가는 각 단계에 필요한 교육을 각각의 책으로 묶게 된 것입니다.

❸ 미래 사회에 대비한 교육 환경을 만들어 주세요!

AI, 빅데이터, IoT, 로봇, 3D 프린터 등 4차 산업혁명 시대의 최첨단 기술의 발전은 우리의 일상생활은 물론 사회, 문화, 정치, 경제, 교육 등 모든 것을 바꿔놓고 있습니다. 이렇게 급변하는 시대에 우리 아이들이 갖춰야 할 사고력 중 하나가 바로 컴퓨팅 사고력이며 이 책에서 말하고자 하는 인공지능 소양 역시 우리 아이들을 미래의 인재로 키워주는 역량이라 말할 수 있습니다. 하지만 이런 미래 사회에 대비한 교육이라고 해서 굉장히 대단한 무언가가 있는 것이 아닙니다.

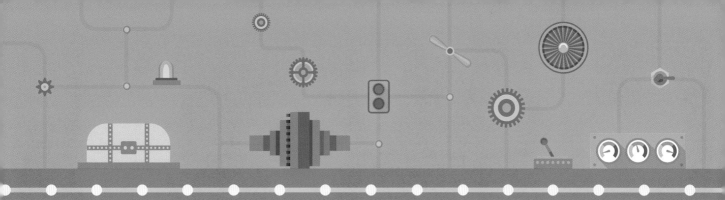

미래 교육은 말 그대로 우리 아이들을 스스로 생각할 수 있는, 그래서 무엇인가 자신만의 새로운 것을 만들 수 있는 능력을 키우는 교육입니다. 따라서 우리 아이들의 생활이 곧 교육이고, 환경이 곧 역량이 됩니다. 손 닿을 곳에 항상 책을 가까이 두는 것, 무엇이라도 스스로 만들어 볼 수 있는 공간이 있도록 하는 것, 모르는 것이 있을 때 즉시 주변의 도움 또는 컴퓨터의 도움을 받아 지식을 습득할 수 있도록 하는 것, 아이의 상상력을 끊임없이 지지해주는 것, 바로 이런 노력, 이런 환경이 필요합니다. 여기에 한발 더 나아가기 위해 체계적으로 공부할 수 있는 소프트웨어 교육이나 인공지능 교육 관련 책 한 권 선물해보면 어떨까요? 이런 작은 출발에서부터 시작해보세요.

❹ 이것만은 주의해주세요!

여기에 소개된 AI 학습 도구는 절대적인 것이 아니라 인공지능에 대한 경험과 이해를 넓히는데 도움이 되는 많은 AI 학습 도구 중 일부일 뿐입니다. 국외뿐 아니라 국내의 많은 사용자가 무료로 이용할 수 있고, 인공지능 교육에 도움이 되며, 학생뿐 아니라 교사, 학부모님들까지도 손쉽게 접근하고 활용해볼 수 있는 것을 기준으로 선정하였습니다. 따라서 인공지능 교육을 할 때 여기에 소개된 도구가 전부라는 생각은 위험합니다. 다양한 AI 학습 도구가 있음을 알고, 내게 가장 적합한, 내 아이에게 가장 적합한 도구가 있다면 그것으로 교육해도 좋습니다.

❺ 혼자서도 할 수 있는 인공지능 교육 정보

엔트리 https://playentry.org/

소프트웨어 교육에서 활용하던 엔트리로 인공지능 교육도 할 수 있습니다. 새로 추가된 인공지능 블록의 오디오 감지, 비디오 감지 등을 이용하면 목소리로 글을 쓰거나 오브젝트를 움직일 수도 있고, 카메라를 이용하여 몸을 움직이는 게임도 만들 수 있지요. 또한, 모델 학습을 이용해 나만의 인공지능 모델을 만들어 실생활에 도움이 되는 프로그램도 만들어 볼 수 있어요.

※ 자세한 내용이 궁금하다면 〈인공지능, 엔트리를 만나다〉를
   참고하세요.

칸아카데미 https://ko.khanacademy.org/

칸아카데미는 세계적 수준의 교육을 무료로 누구에게나 어디에서든지 제공한다는 미션을 가진 비영리단체입니다. 이 칸아카데미 플랫폼은 인공지능 기술을 교육에 접목해 학습자들의 학습 습관 데이터를 분석하고, 이를 활용해 맞춤형 콘텐츠를 추천하고 있습니다. 인공지능에 대해 직접적으로 배울 수는 없지만, 인공지능 기술을 활용해 나의 부족한 부분이 어디인지 찾아 학습에 큰 도움을 줄 수 있지요.

인공지능 단추 http://www.ebsi.co.kr/ebs/ai/com

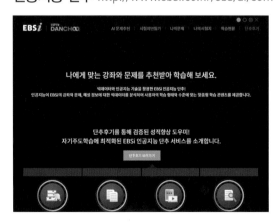

미국에 칸아카데미가 있다면 우리나라에는 EBSi 인공지능 단추가 있습니다. 인공지능이 EBSi의 강좌와 문제, 해설 정보에 대한 빅데이터를 분석하여 사용자의 학습 형태와 수준에 맞는 맞춤형 학습 콘텐츠를 제공합니다. 인공지능 단추를 통해 인공지능이 나의 학습에 대해 얼마나 정확하게 알 수 있는지, 나의 학습에 정말 도움이 되는 콘텐츠를 추천해주는지 확인해보면 어떨까요?

목차

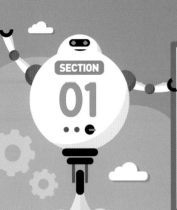

인공지능, 어렵지 않아요!

인공지능 체험 교육과 SW 교육을 시작하기 전에 간단하게 인공지능이란 무엇인지,
우리 생활 속에 어떻게 들어와 있는지 살펴보도록 해요.

수업 길잡이

난이도 ★★☆☆☆
소요시간 20분 이상
학습영역 인공지능의 개념
준비물 PC 또는 노트북,
사이트 주소 알기
(https://edu.readyai.org/)

AI 학습을 준비해요!

활동 목표
생활 속 인공지능의 예시를 통해
인공지능에 대해 알기

활동 약속
각 페이지에 제시된 활동을 스스로 해보기

성취기준을 달성해요!

수업 활동
6학년 실과 : [6실04-07] 소프트웨어가
적용된 사례를 찾아보고 우리 생활에 미치는
영향을 이해한다.

K11-12 : 인공지능이 많은 소프트웨어 및
물리적 시스템을 어떻게 운영하는지 설명한다.
(K12 CSS)

이 놀이는

AI 소양

〈레디 AI〉 사이트에 있는 교육 내용을 응용해 인공지능이란 무엇인지를 하나씩 알아보는 활동으로 활
동이 끝난 뒤 해당 사이트로 접속하여 더욱 심화된 학습을 이어갈 수 있습니다. 본격적인 인공지능
체험 및 SW 교육에 앞서 가볍게 인공지능의 개념에 대해 생각해보고 인공지능 학습에 대해 준비하는
단계라 할 수 있습니다.

1 장소에 따라 인공지능이 우리 생활에 영향을 미치고 있는 예시를 생각해보세요.

집	(예시) AI 로봇 또는 AI 스피커가 책을 읽어줘요.
회사	
상점	
병원	

2 여러분이 알고 있는 인공지능 서비스나 제품을 사용해본 경험을 간단하게 적어보세요. 어떤 점이 편리했나요? 또는 어떤 점이 개선되면 좋을까요?

3 다음 그림을 보고 인공지능이 우리 생활에 어떤 영향을 미치고 있는지 연결해보세요.

 ●　　　　　　　　　● 인공지능은 판단하고,
추천할 수 있어요!

 ●　　　　　　　　　● 인공지능은 센서, 카메라 등의
도움으로 세상을 지각할 수
있어요!

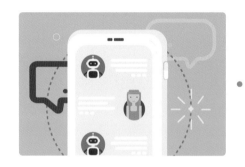 ●　　　　　　　　　● 인공지능은 데이터를 통해
학습해요!

 ●　　　　　　　　　● 인공지능은
인간과 상호작용해요!

 ●　　　　　　　　　● 인공지능은 사회에 다양한
긍정적 영향 또는 부정적 영향을
미쳐요!

🤖 인공지능은 카메라, 마이크, 센서 등의 도움을 받아 세상을 지각합니다.

❶ 이 사진을 보고 인공지능은 사진 속 인물의 감정을 "즐거움"이라고 판단했어요. 무엇을 보고 "즐거움"이라고 판단했을까요?

❷ 감정을 파악할 때는 얼굴의 구성 요소를 하나씩 살펴봅니다. 다시 말해 감정을 지각하는데 도움이 되는 주요한 얼굴의 특징을 찾아내는 것이죠.

다음 얼굴의 각 구성 요소를 살펴보고 행복이라는 감정의 특징을 담고 있다고 생각된다면 "행복"이라고 쓰고, 그렇지 않다면 "행복하지 않음"이라고 써보세요.

(예시) 행복하지 않음

5 인공지능이 어떻게 의사를 결정하는지 다음 예시를 통해 알아봅시다.

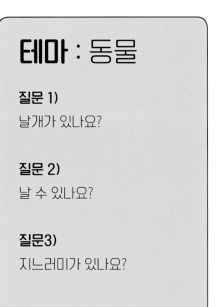

테마 : 동물

질문 1)
날개가 있나요?

질문 2)
날 수 있나요?

질문3)
지느러미가 있나요?

❶ 다음 질문 카드와 그림 카드를 보고 하나씩 질문하며 아래의 의사 결정 트리판에 동물 카드를 분류해봅시다.

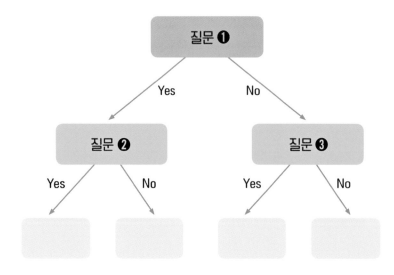

❷ 질문 ❶에 따라 날개가 있으면 YES, 없으면 NO로 분류합니다.

❸ 질문 ❷에 따라 날 수 있으면 YES, 없으면 NO로 분류합니다.

❹ 질문 ❸에 따라 지느러미가 있으면 YES, 없으면 NO로 분류합니다.

이 예시는 인공지능이 의사 결정을 내리는 여러 가지 방법 중 하나입니다. 이렇게 인공지능은 어떤 문제에 대한 답을 얻거나 결정을 하기 위해 질문하고 추론하는 과정을 반복합니다.

6 인공지능이 데이터를 통해 어떻게 학습하는지 알아보겠습니다. 이 주제는 앞으로 이 책에서 여러 번 반복해서 다뤄질 예정입니다.

❶ 건이와 준이는 사랑하는 강아지 "사랑이"를 잃어버렸어요. 인공지능에게 "사랑이"를 찾아달라고 할거예요. 인공지능이 어떻게 사랑이의 얼굴을 기억하고, 찾을 수 있을까요?

❷ 먼저 사랑이의 얼굴 사진을 인공지능에게 보여줘야 해요. 사랑이 얼굴 사진이 많으면 많을수록 좋아요.

❸ 다른 강아지 사진들도 인공지능에게 보여줘요. 다른 강아지들과 사랑이를 구분할 수 있도록 말이에요. 다른 강아지의 사진도 많으면 많을수록 좋아요.

❹ 학습이 다 끝난 인공지능에게 사랑이와 다른 강아지가 섞인 사진을 제시해도 사랑이를 정확하게 찾
   아낼 수 있어요.

인공지능이 "사랑이"를 정확하게 찾을 수 있게 된 과정을 나타낸 그림이에요. 빈 동그라미 속에 들어
갈 알맞은 말을 써보세요.

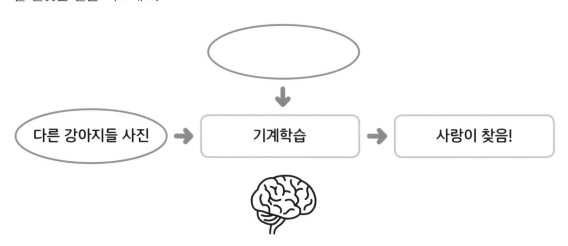

🔋 사람의 말을 알아듣고 사람처럼 말할 수 있다면 인공지능이라고 할 수 있을까요? 간단한 활동을 통해 인공지능이 인간과 상호작용한다는 의미를 생각해보세요.

❶ 다음 인공지능 스피커와 가상 대화를 해보세요.

❷ 인공지능이 사람과 자연스럽게 상호작용하기 위해서 필요한 것은 무엇일지 생각해보세요.

인공지능에 대해 알아봐요!

8 인공지능은 사회에 좋은 영향만 미칠까요? 나쁜 영향을 미칠 수도 있을까요? 다음 인공지능 앱 카드를 보고 사회에 좋은 영향을 미칠 경우 ○를 나쁜 영향을 미칠 경우 X를 표시해보세요.

인공지능 앱 카드
나의 생활 습관으로 알려주는 건강 관리 앱

인공지능 앱 카드
다른 사람의 사진을 추천해 합성하는 앱

인공지능 앱 카드
다른 사람의 개인정보를 이용한 정보를 알려주는 앱

인공지능 앱 카드
돈을 계속 쓰도록 쇼핑을 부추기는 앱

인공지능 앱 카드
다른 사람의 집안을 살펴볼 수 있는 CCTV 앱

인공지능 앱 카드
세계 어디를 가도 괜찮아! 통역 앱

인공지능 앱 카드
기분에 따라 음악 추천하는 음악 앱

인공지능 앱 카드
나에게 꼭 맞는 학습법 추천 서비스 앱

인공지능 앱 카드
인종이나 성별에 따라 차별적인 내용을 자동 노출시키는 앱

1 'https://edu.readyai.org/'에 접속합니다. 첫 페이지 아래에 스스로 학습할 수 있는 〈AI+ME〉를 클릭합니다.

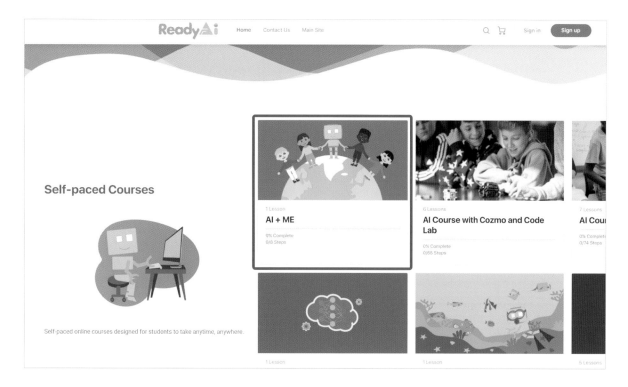

2 처음인 경우 로그인을 해야 하므로 [등록을 위한 로그인하기/Login to Enroll] 버튼을 누릅니다. 계정을 새로 만들어도 좋고 구글 계정이나 트위터와 같은 SNS 계정으로 로그인할 수 있습니다.

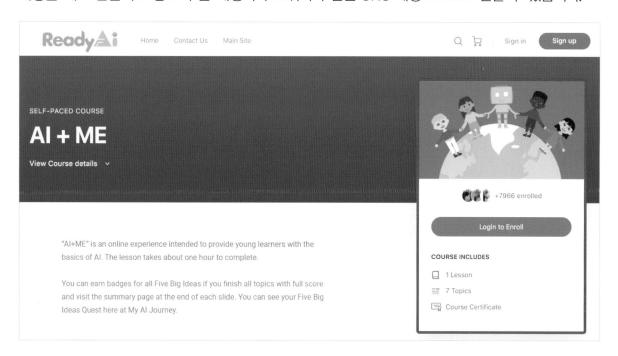

3 로그인을 하면 [교육 시작하기/Start Course]로 버튼이 바뀝니다. 아래에 [교육 내용/Course Content] 버튼을 클릭합니다.

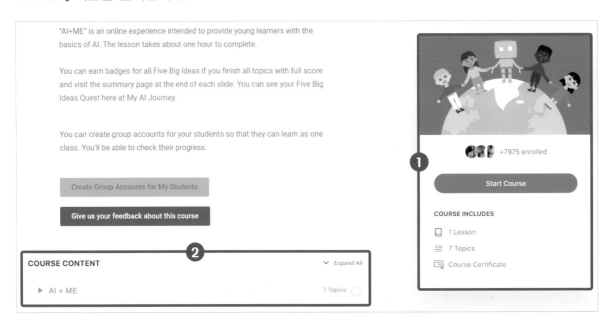

4 각 주제를 하나씩 따라하며 마스터 해보세요. 간단한 영어로 되어 있으므로 천천히 의미를 생각하며 학습하도록 합니다.

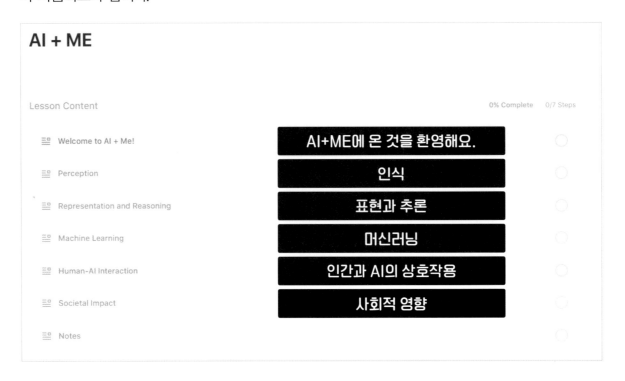

친구 얼굴? 내 얼굴?

빠르고 쉽게 머신러닝 모델을 만들어 테스트해볼 수 있는 티처블 머신 사이트에
대해 알고, 얼굴을 구분하는 머신러닝 모델을 만들어 봐요.

수업 길잡이

난이도 ★★☆☆☆
소요시간 20분 이상
학습영역 머신러닝/
이미지 인식
준비물 PC 또는 노트북,
사이트 주소 알기
(https://teachablemachine.
withgoogle.com/)

AI 학습을 준비해요!

활동 목표
얼굴을 구분하는 머신러닝 모델 만들어
테스트하기

활동 약속
다양한 표정으로 자신의 얼굴 사진 찍기

성취기준을 달성해요!

수업 활동
6학년 실과 : **[6실05-06]** 생활 속에서 로봇
활용 사례를 통해 작동 원리와 활용 분야를
이해한다.

K11-12 : 인공지능이 많은 소프트웨어 및
물리적 시스템을 어떻게 운영하는지 설명한다.
(K12 CSS)

이 놀이는

인공지능이 서로 다른 사람의 얼굴을 어떻게 구분하는지 학습하는 과정을 알아보는 활동입니다. 얼굴
사진 데이터를 직접 수집하여 학습을 시키고 머신러닝 모델을 만들어 테스트하는 과정에서 지도 학습
의 원리를 이해할 수 있습니다.

얼굴 인식

1 티처블 머신(https://teachablemachine.withgoogle.com/) 사이트에 접속합니다. [시작하기/Get Started] 버튼을 클릭합니다.

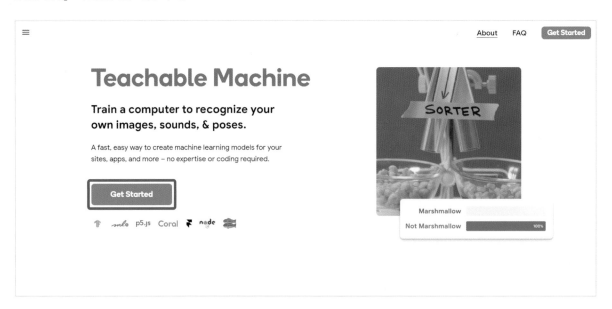

2 [새 프로젝트/New Project] 중 [이미지 프로젝트/Image Project]를 선택합니다.

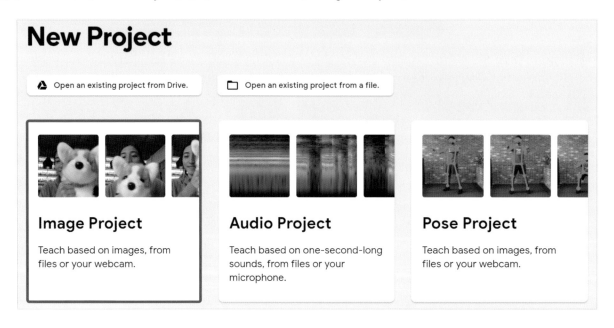

3 구분하기를 원하는 얼굴을 생각합니다. 내 얼굴과 친구의 얼굴을 구분하고 싶다면 [클래스 1/Class 1] 에는 내 얼굴 사진 데이터를 모아야 합니다. 웹캠을 눌러 사진을 찍어 데이터를 수집할 수도 있고, 업로드를 눌러 저장된 데이터를 활용해도 좋습니다.

4 다양한 각도에서 찍은 사진이 많이 필요하므로 가지고 있는 내 얼굴 사진 데이터와 웹캠에서 직 접 찍은 사진 데이터를 모두 추가합니다. 데이터가 많을수록 정확하게 판단합니다.

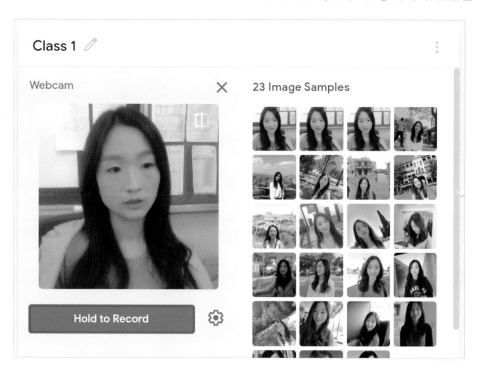

5 [클래스 1/Class 1]의 이름을 [내 얼굴]로 바꿉니다. 109장의 사진 데이터가 수집되었음을 알 수 있습니다.

6 [클래스 2/Class 2]의 이름을 [친구 얼굴]로 바꿉니다. 108장의 사진 데이터가 수집되었음을 알 수 있습니다. 각 클래스에 수집되는 데이터의 수는 서로 비슷한 것이 좋습니다.

7 데이터를 모두 수집하였으면 두 얼굴을 구분하기 위한 학습에 들어가야 합니다. [훈련/Training] 아래 버튼을 클릭합니다.

머신러닝 모델을 만들어요!

8 학습이 완료되면 테스트해볼 수 있습니다. 웹캠에 내 얼굴 또는 친구 얼굴을 비추고 어떻게 판단하는지 살펴봅니다. 또한, 수집한 데이터에 없는 머리 모양이나 손동작을 해보고 다시 테스트해봅니다.

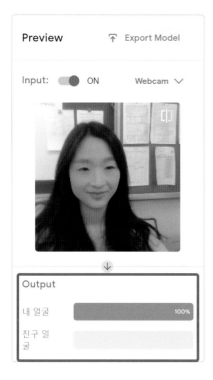
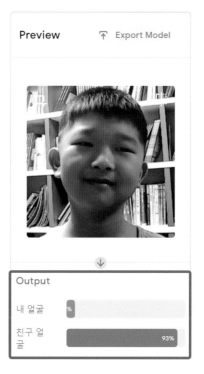

9 상단 좌측의 [티처블 머신/Teachable Machine]을 클릭하면 여러분이 만든 얼굴 인식 머신러닝 모델을 저장할 수 있습니다. [드라이브에 저장하기/Save project to Drive]를 누릅니다.

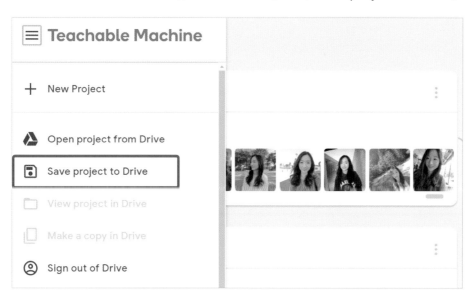

나만의 머신러닝 모델을 만들어요!

1 우리 가족의 얼굴을 구분하는 머신러닝 모델을 만들어 봅시다.

– 우리 가족은 모두 몇 명인지를 생각해보고 클래스를 몇 개 만들어야 하는지 결정합니다.

– 각 클래스에 가족의 얼굴 사진을 업로드하거나 웹캠으로 촬영합니다.

– 가족 얼굴 사진을 모두 수집했다면 학습, 즉 훈련을 시킵니다.

– 훈련이 모두 끝나면 가족 중 한 명의 얼굴로 테스트해봅니다.

– 우리 가족의 얼굴을 정확하게 판단하는지 결과를 보고, 만약 가족의 얼굴을 정확하게 판단하지 못한다면 더 많은 데이터를 추가한 후 다시 훈련하도록 합니다.

2 얼굴을 구분하는 머신러닝 모델 외 사물을 구분하는 머신러닝 모델을 만들어 봅시다.

- 구분해보고 싶은 사물을 생각해보고 클래스를 몇 개 만들어야 하는지 결정합니다.
- 각 클래스에 사물 사진을 업로드하거나 웹캠으로 촬영합니다.
- 사물 사진을 모두 수집했다면 학습, 즉 훈련을 시킵니다.
- 훈련이 모두 끝나면 사물 중 하나로 테스트해봅니다.
- 사물을 정확하게 판단하는지 결과를 보고, 만약 정확하게 판단하지 못한다면 더 많은 데이터를 추가한 후 다시 훈련하도록 합니다.

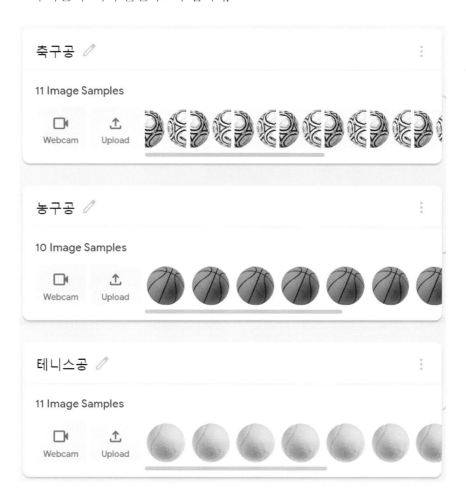

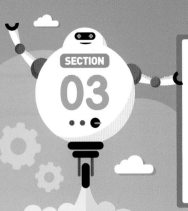
인공지능은 만능일까?

과일을 구분하는 머신러닝 모델을 만들고 비슷한 과일을 구분하지 못하는 문제가
발생할 수 있음을 통해 인공지능의 한계를 알 수 있어요. 이 문제를 해결할 좋은 방
법을 생각해요.

수업 길잡이

난이도 ★★★★☆
소요시간 20분 이상
학습영역 머신러닝/
이미지 인식
준비물 PC 또는 노트북,
사이트 주소 알기
(https://teachablemachine.
withgoogle.com/)

AI 학습을 준비해요!

활동 목표
인공지능의 한계를 알고 해결할 방법 찾기

활동 약속
인공지능의 정확도를 높이는 다양하고 많은
데이터 수집하기

성취기준을 달성해요!

수업 활동

6학년 실과 : **[6실05-06]** 생활 속에서 로봇
활용 사례를 통해 작동 원리와 활용 분야를
이해한다.

K11-12 : 인공지능이 많은 소프트웨어 및
물리적 시스템을 어떻게 운영하는지 설명한다.
(K12 CSS)

이 놀이는

인공지능 윤리

인공지능이 서로 다른 사물을 구분할 때 학습한 데이터를 바탕으로 함을 알고, 데이터가 적거나 한정적
일 때 정확도가 떨어질 수 있음을 아는 활동입니다. 과일을 구분하는 머신러닝 모델을 만들고 테스트하
는 과정에서 인공지능의 한계를 알고 이를 해결할 수 있는 방법을 찾아볼 수 있습니다.

1 티처블 머신(https://teachablemachine.withgoogle.com/) 사이트에 접속합니다. [시작하기/Get Started] 버튼을 클릭합니다.

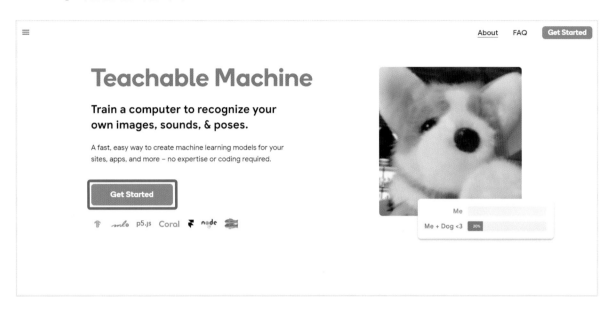

2 [새 프로젝트/New Project] 중 [이미지 프로젝트/Image Project]를 선택합니다.

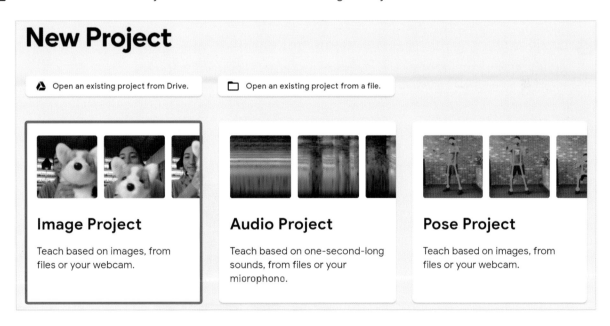

3 구분하기를 원하는 과일 두 종류를 생각합니다. 사과와 포도를 구분하고 싶다면 [클래스 1/Class 1] 에는 사과 이미지 데이터를 모아야 합니다. 웹캠을 눌러 사진을 찍어 데이터를 수집할 수도 있고, 업로드를 눌러 저장된 데이터를 활용해도 좋습니다.

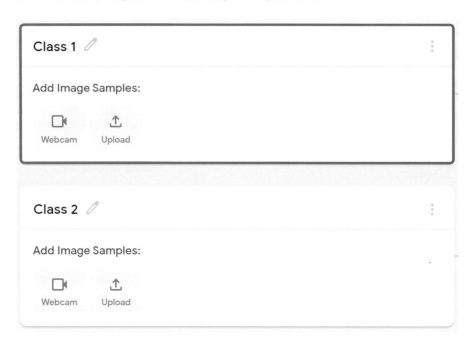

4 다양한 색깔과 모양, 각도에서 찍은 사진이 많이 필요하므로 사과 이미지 데이터를 수집해 업로드 하거나 직접 사진을 촬영합니다. 데이터가 많을수록 정확하게 판단합니다.

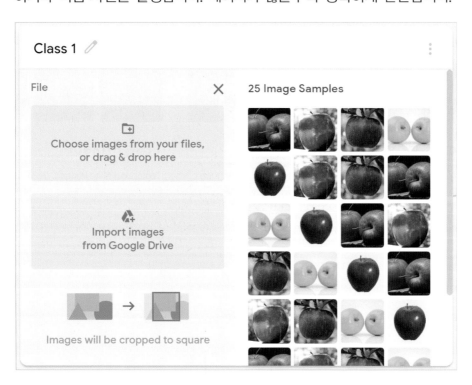

5 [클래스 1/Class 1]의 이름을 [사과]로 바꿉니다. 53장의 사진 데이터가 수집되었음을 알 수 있습니다.

6 [클래스 2/Class 2]의 이름을 [포도]로 바꿉니다. 52장의 사진 데이터가 수집되었음을 알 수 있습니다. 각 클래스에 수집되는 데이터의 수는 서로 비슷한 것이 좋습니다.

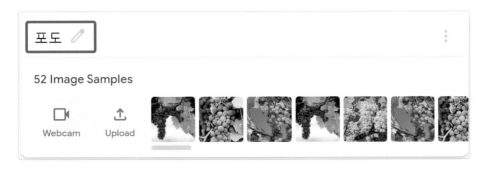

7 데이터를 모두 수집하였으면 두 과일을 구분하기 위한 학습에 들어가야 합니다. [훈련/Training] 아래 버튼을 클릭합니다.

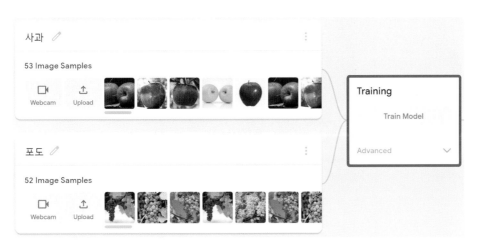

8 학습이 완료되면 테스트해볼 수 있습니다. 웹캠에 실제 사과 또는 사과 사진을 비추고 어떻게 판단하는지 살펴봅니다. 사과로 100% 판단하고 있음을 알 수 있습니다. 마찬가지로 실제 포도 또는 포도 사진을 비추고 어떻게 판단하는지 살펴봅니다.

9 이번에는 웹캠에 사과와 비슷한 실제 오렌지 또는 오렌지 사진을 비추고 어떻게 판단하는지 살펴봅니다. 오렌지의 경우 사과 100%로 판단하고 있습니다. 이번에는 방울토마토를 비춰봅니다. 방울토마토의 경우 포도 97%로 판단하고 있습니다.

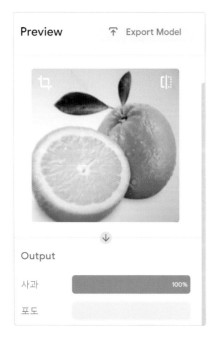

10 이 문제를 해결하기 위해 [클래스 3/Class 3]과 [클래스 4/Class 4]를 각각 [오렌지]와 [방울토마토] 로 이름을 정하고 이미지 데이터를 추가한 후 다시 학습시킵니다.

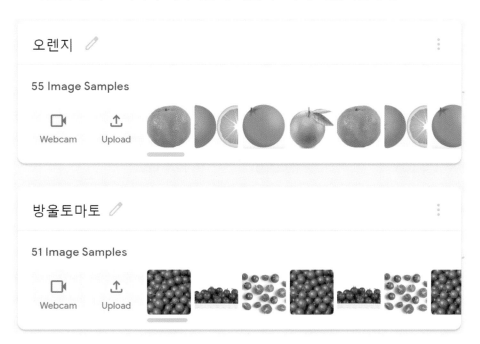

11 이번에는 방울토마토 91%, 오렌지 98%로 각각 판단하고 있습니다.

12 사과, 포도, 오렌지, 방울토마토 외 과일이 나왔을 때 이 4가지 과일이 아님을 판단하기 위해서는 어떻게 하는 것이 좋을지 생각해봅시다. [클래스 5/Class 5]를 [기타]로 저장하고 그 외 과일 사진들을 추가하면 다른 과일이 나왔을 때 기타로 판단하는 머신러닝 모델을 만들 수 있습니다.

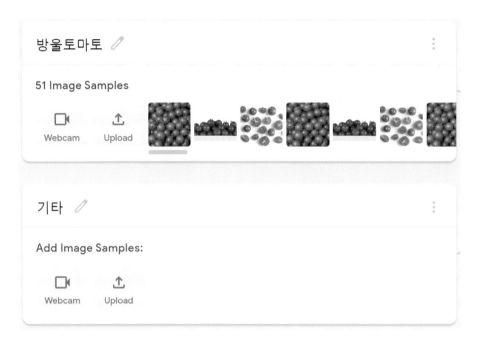

13 상단 좌측의 [티처블 머신/Teachable Machine]을 클릭하면 여러분이 만든 사물 인식 머신러닝 모델을 저장할 수 있습니다. [드라이브에 저장하기/Save project to Drive]를 누릅니다.

머신러닝 모델을 만들 때 어떤 데이터로 학습하는가는 매우 중요한 문제입니다. 앞의 활동을 통해서 알게 된 내용을 정리해봅시다.

1 각 클래스에 저장되는 데이터의 양이 많을수록 좋습니다.

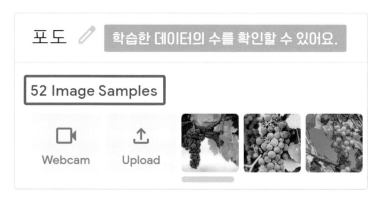

2 각 클래스에 데이터를 추가할 때는 다양한 각도와 환경에서 찍은 데이터가 필요합니다.

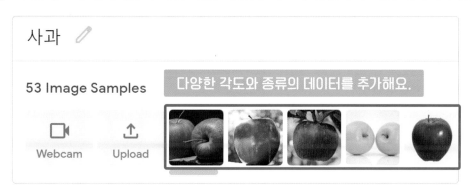

3 예를 들어 사람의 얼굴을 구분하는 머신러닝 모델을 만들 때 인종, 성별, 나이 등을 모두 고려한 다양한 데이터를 수집해야 합니다. 특정 인종이나 성별 등을 제외한 데이터를 학습한 인공지능은 정확한 판단을 내릴 수 없습니다.

무슨 소리가 들리니?

소리를 구분하는 머신러닝 모델을 만들어 테스트해보고 음성 인식 기술을 활용한
인공지능이 어떻게 우리 생활 속에서 사용될 수 있는지 생각해요.

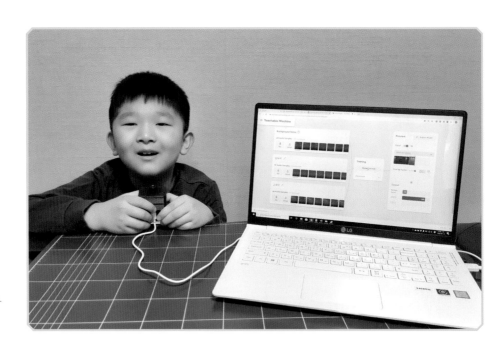

수업 길잡이

난이도 ★★★☆☆
소요시간 20분 이상
학습영역 머신러닝/
음성 인식
준비물 PC 또는 노트북,
사이트 주소 알기
(https://teachablemachine.
withgoogle.com/)

AI 학습을 준비해요!

활동 목표
소리를 구분하는 머신러닝 모델 만들어
테스트하기

활동 약속
무료 효과음을 구하는 방법 익히기

성취기준을 달성해요!

수업 활동
6학년 실과 : **[6실05-06]** 생활 속에서 로봇
활용 사례를 통해 작동 원리와 활용 분야를
이해한다.

K11-12 : 인공지능이 많은 소프트웨어 및
물리적 시스템을 어떻게 운영하는지 설명한다.
(K12 CSS)

이 놀이는

인공지능이 서로 다른 소리를 어떻게 구분하는지 학습하는 과정을 알아보는 활동입니다. 다양한 음성
데이터를 직접 수집하여 학습을 시키고 머신러닝 모델을 만들어 테스트하는 과정에서 지도 학습의 원
리를 이해할 수 있습니다.

음성 인식

1 티처블 머신(https://teachablemachine.withgoogle.com/) 사이트에 접속합니다. [시작하기/Get Started] 버튼을 클릭합니다.

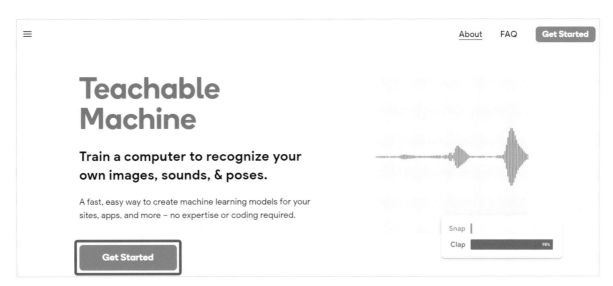

2 [새 프로젝트/New Project] 중 [오디오 프로젝트/Audio Project]를 선택합니다.

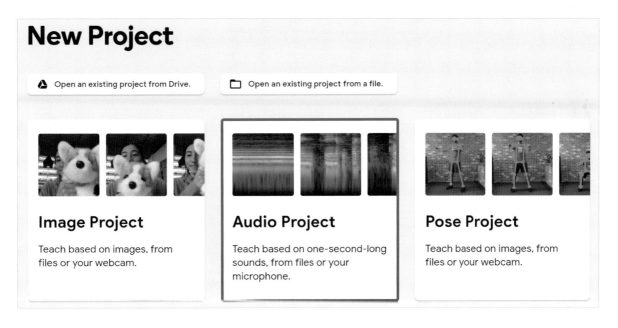

3 주변 소음을 포함해 구분하기를 원하는 소리를 생각합니다. 먼저 주변 소음 데이터부터 수집하도록 하겠습니다. 주변 소음의 경우 직접 수집해야 하므로 [Mic] 버튼을 클릭합니다.

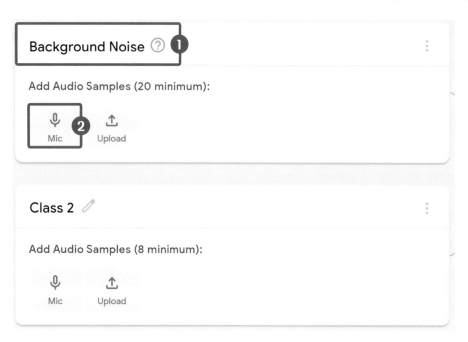

4 [20초 녹음하기/Record 20 Seconds] 버튼을 누릅니다. 녹음이 모두 완료될 때까지 기다립니다. 녹음이 완료되면 [샘플 추출하기/Extract Samples] 버튼을 누릅니다.

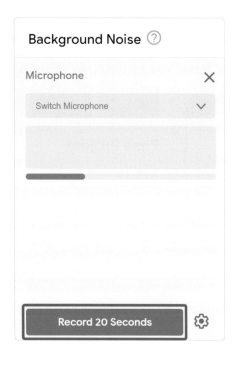
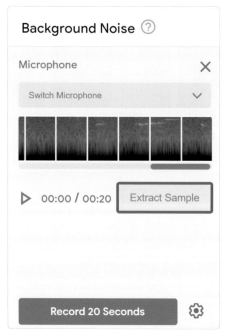

5 [샘플 추출하기/Extract Samples] 버튼을 누르는 만큼 음성 샘플이 추가됩니다.

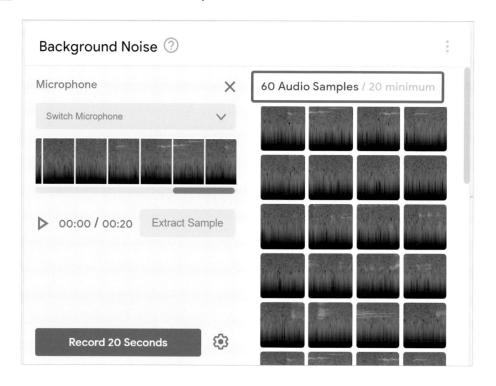

6 주변 소음 데이터 수집이 완료되었다면 이제 실제로 구분하고 싶은 소리 데이터를 수집할 차례입니다. 만약 강아지가 짖는 소리와 고양이가 우는 소리를 구분하고 싶다면 2개의 소리 데이터를 직접 녹음하거나 무료 효과음 사이트를 통해 소리 데이터를 수집해야 합니다. 프리사운드(https://freesound.org/) 사이트에 접속합니다.

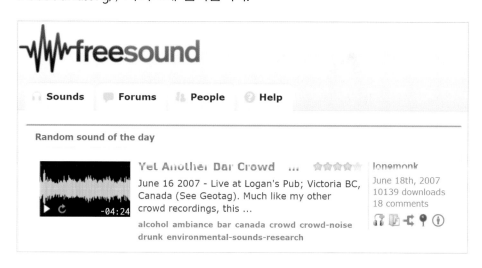

7 우측 상단에 보면 검색창이 있습니다. 강아지 소리를 먼저 찾기 위해 "dog"를 입력합니다.

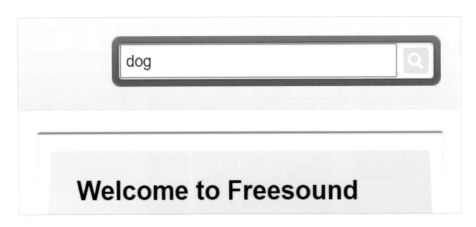

8 검색 결과 중 **(0)** 표시가 있는 소리의 경우 저작권자의 권리를 완전히 소멸한다는 것으로 출처 표기 없이 어떤 용도로든 사용할 수 있다는 의미입니다. 따라서 이 표시가 있는 소리는 사용해도 좋습니다.

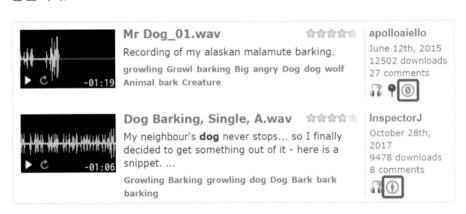

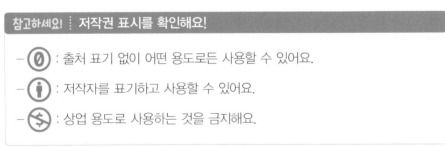

9 강아지가 짖는 소리를 재생하고 [2초 녹음하기/Record 2 Seconds] 버튼을 눌러서 소리를 녹음합니다. 그리고 [샘플 추출하기/Extract Samples] 버튼을 누르는 만큼 음성 샘플이 추가됩니다. 이때도 다양한 강아지 소리를 들려주는 것이 좋습니다.

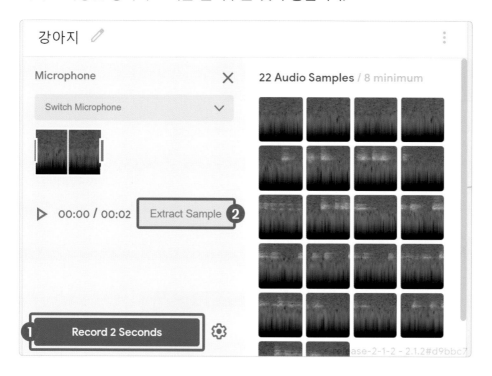

10 데이터를 모두 수집하였으면 소리를 구분하기 위한 학습에 들어가야 합니다. [훈련/Training] 아래 버튼을 클릭합니다.

⑪ 학습이 완료되면 소리를 잘 구분하는지 테스트해볼 수 있습니다. 예시에서는 주변 소음 소리를 인식하다 고양이 소리를 들려주면 고양이 소리로 99% 판단하는 것을 볼 수 있습니다.

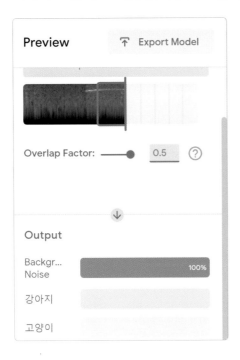
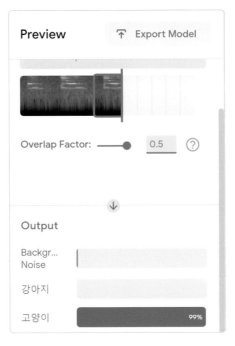

⑫ 상단 좌측의 [티처블 머신/Teachable Machine]을 클릭하면 여러분이 만든 음성 인식 머신러닝 모델을 저장할 수 있습니다. [드라이브에 저장하기/Save project to Drive]를 누릅니다.

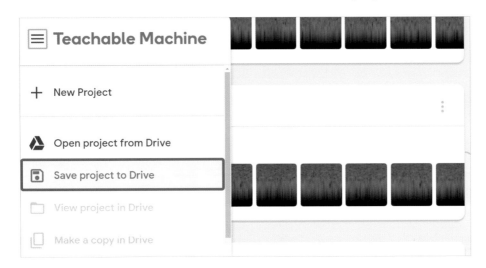

1 우리 가족의 목소리를 구분하는 머신러닝 모델을 만들어 봅시다.

– 우리 가족이 모두 몇 명인지를 생각해보고 클래스를 몇 개 만들어야 하는지 결정합니다.

– 각 클래스에 가족의 목소리를 녹음합니다.

– 가족 목소리를 모두 수집했다면 학습, 즉 훈련을 시킵니다.

– 훈련이 모두 끝나면 가족 중 한 명이 소리를 내어 테스트해봅니다.

– 우리 가족의 목소리를 정확하게 구분하는지 결과를 보고, 만약 가족의 목소리를 정확하게 판단하지 못한다면 더 많은 음성 데이터를 추가한 후 다시 훈련하도록 합니다.

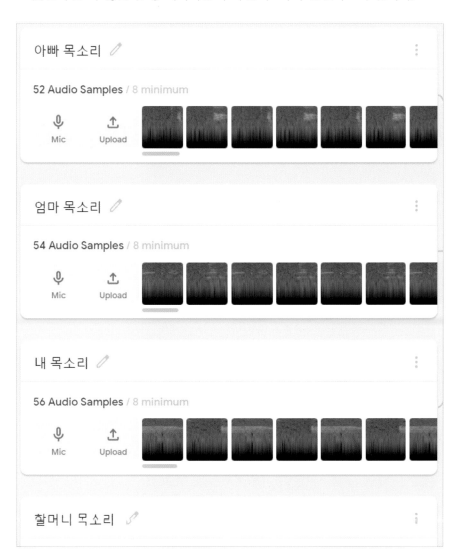

나만의 머신러닝 모델을 만들어요!

2 목소리를 구분하는 머신러닝 모델 외 여러분이 원하는 음성 인식 머신러닝 모델을 만들어 봅시다.

- 구분해보고 싶은 소리를 생각해보고 클래스를 몇 개 만들어야 하는지 결정합니다.
- 각 클래스에 해당 소리를 녹음합니다.
- 소리를 모두 수집했다면 학습, 즉 훈련을 시킵니다.
- 훈련이 모두 끝나면 그중 하나의 소리를 내어 테스트해봅니다.
- 원하는 소리를 정확하게 구분하는지 결과를 보고, 만약 소리를 정확하게 판단하지 못한다면
  더 많은 음성 데이터를 추가한 후 다시 훈련하도록 합니다.

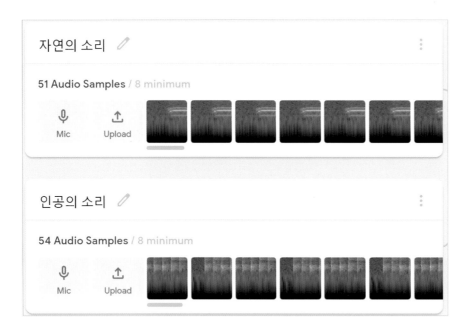

SECTION 05

나처럼 해봐요! 이렇게!

자세를 구분하는 머신러닝 모델을 만들어 테스트해보고 동작 인식 기술을 활용한
인공지능이 어떻게 우리 생활 속에서 사용될 수 있는지 생각해요.

수업 길잡이

난이도 ★★★☆☆
소요시간 20분 이상
학습영역 머신러닝/
포즈 인식
준비물 PC 또는 노트북,
사이트 주소 알기
(https://teachablemachine.
withgoogle.com/)

AI 학습을 준비해요!

활동 목표

자세를 구분하는 머신러닝 모델 만들어
테스트하기

활동 약속

다양한 자세를 직접 취하고 데이터 수집하기

성취기준을 달성해요!

수업 활동

6학년 실과 : [6실05-06] 생활 속에서 로봇
활용 사례를 통해 작동 원리와 활용 분야를
이해한다.

K11-12 : 인공지능이 많은 소프트웨어 및
물리적 시스템을 어떻게 운영하는지 설명한다.
(K12 CSS)

이 놀이는

동작 인식

인공지능이 서로 다른 자세를 어떻게 구분하는지 학습하는 과정을 알아보는 활동입니다. 다양한 자세
와 관련된 데이터를 직접 수집하여 학습을 시키고 머신러닝 모델을 만들어 테스트하는 과정에서 지도
학습의 원리를 이해할 수 있습니다.

머신러닝 모델을 만들어요!

1 티처블 머신(https://teachablemachine.withgoogle.com/) 사이트에 접속합니다. 우측 상단에 [시작하기/Get Started] 버튼을 클릭합니다.

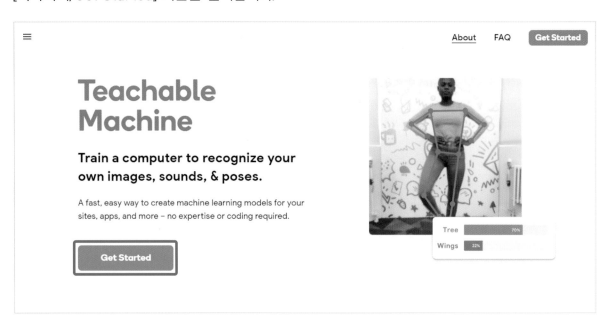

2 [새 프로젝트/New Project] 중 [포즈 프로젝트/Pose Project]를 선택합니다.

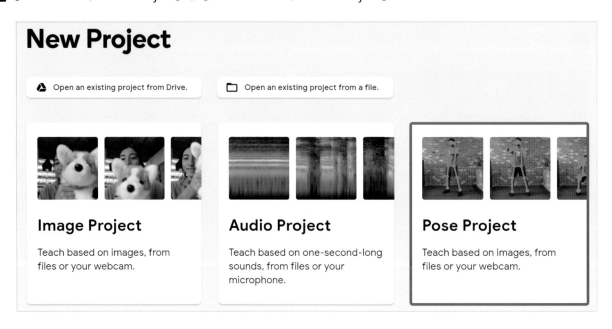

3 구분하기를 원하는 자세를 생각합니다. 차렷 자세와 만세하는 자세, 양팔을 벌린 자세를 구분하고 싶다면 [클래스 1/Class 1]에는 차렷과 관련된 사진 데이터를 모아야 합니다. 웹캠을 눌러 사진을 찍어 데이터를 수집할 수도 있고, 업로드를 눌러 저장된 데이터를 활용해도 좋습니다.

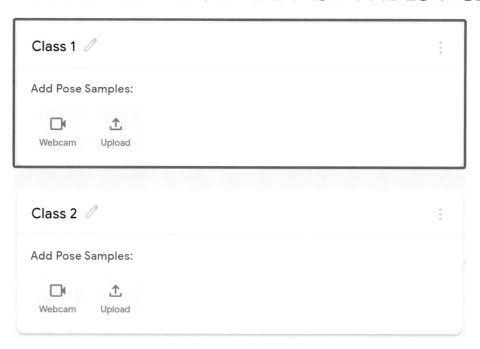

4 웹캠으로 직접 자세 데이터를 추가하는 경우 [계속 기록하기/Hold to Record] 버튼을 눌러 자세 데이터를 추가합니다.

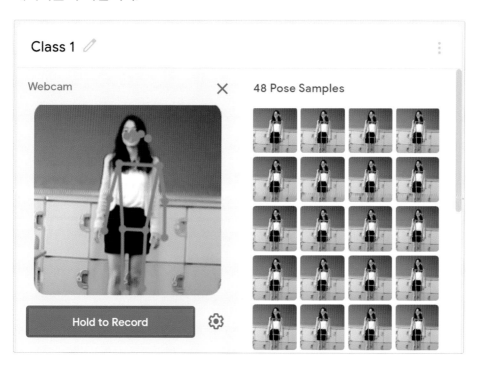

5 [클래스 1/Class 1]의 이름을 [차렷 자세]로 바꿉니다. 48장의 사진 데이터가 수집되었음을 알 수 있습니다.

6 [클래스 2/Class 2]의 이름을 [만세 자세]로 바꿉니다. 51장의 사진 데이터가 수집되었음을 알 수 있습니다. 각 클래스에 수집되는 데이터의 수는 서로 비슷한 것이 좋습니다.

7 [클래스 3/Class 3]의 이름을 [양팔 벌려 자세]로 바꿉니다. 49장의 사진 데이터가 수집되었음을 알 수 있습니다. 원하는 자세만큼 클래스를 추가하여 데이터를 수집합니다.

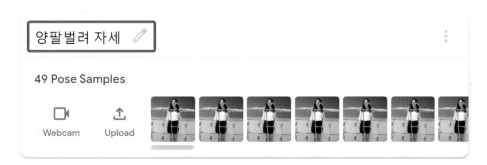

8 데이터를 모두 수집하였으면 각 자세를 구분하기 위한 학습에 들어가야 합니다. [훈련/Training] 아래 버튼을 클릭합니다.

9 학습이 완료되면 테스트해볼 수 있습니다. 웹캠에 직접 자세를 취하거나 다양한 자세를 하고 있는 사람 이미지를 비춰 어떻게 판단하는지 살펴봅니다. 예시에서는 만세 자세와 양팔 벌려 자세를 각 각 99%로 판단하고 있음을 알 수 있습니다.

10 상단 좌측의 [티처블 머신/Teachable Machine]을 클릭하면 여러분이 만든 자세 인식 머신러닝 모델을 저장할 수 있습니다. [드라이브에 저장하기/Save project to Drive]를 누릅니다.

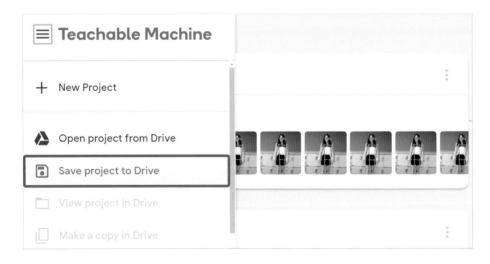

재미있는 자세를 구분하는 머신러닝 모델을 만들어 봅시다.

- 여러분이 좋아하거나 재미있다고 생각하는 자세를 생각해보고 클래스를 몇 개 만들어야 하는지 결정합니다.
- 각 클래스에 해당하는 자세의 사진을 업로드하거나 웹캠으로 촬영합니다.
- 해당 자세와 관련된 사진을 모두 수집했다면 학습, 즉 훈련을 시킵니다.
- 훈련이 모두 끝나면 해당 자세 중 하나를 선택해 테스트해봅니다.
- 자세를 정확하게 판단하는지 결과를 보고, 만약 해당 자세를 정확하게 판단하지 못한다면 더 많은 데이터를 추가한 후 다시 훈련하도록 합니다.

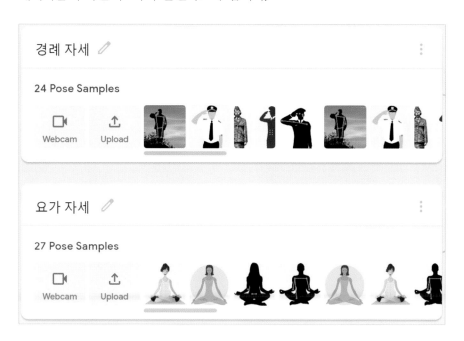

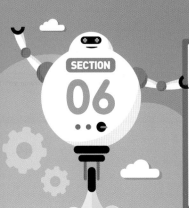

SECTION 06

자동으로 그림을 완성해요!

여러분이 그리는 선을 보고 무엇을 그리려고 하는지 추측해 완성하는
오토드로우를 통해 딥러닝 기술을 알아봐요.

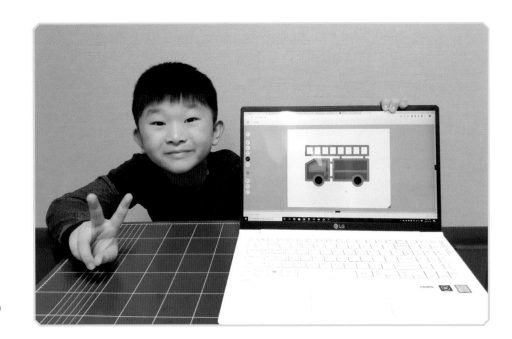

수업 길잡이

난이도 ★★☆☆☆
소요시간 20분 이상
학습영역 딥러닝
준비물 PC 또는 노트북,
사이트 주소 알기
(https://edu.readyai.org/)

AI 학습을 준비해요!

활동 목표
오토드로우 사이트를 살펴보고,
체험해보기

활동 약속
어떤 그림을 그리고 싶은지
스스로 생각하기

성취기준을 달성해요!

수업 활동
6학년 창체(동아리) : 다양한 학술 분야와 문화에
대해 관심을 가지고 체험 위주의 활동을 통하여
지적 탐구력과 문화적 소양을 기른다.(정보 활동)

K11-12 : 인공지능이 많은 소프트웨어 및 물리적
시스템을 어떻게 운영하는지 설명한다.(K12 CSS)

이 놀이는

AI 소양

사용자가 그린 대강의 그림을 보고 어떤 그림인지를 유추해 그림을 완성하는 〈오토드로우〉를 체험해보
는 활동입니다. 사람들이 그림을 그리는 방식, 즉 패턴에 대한 수많은 경우의 수를 수집하여 이를 분석
함으로써 어떤 그림인지를 판단하는 딥러닝의 원리를 간접적으로 체험해볼 수 있습니다.

① 오토드로우(https://www.autodraw.com/) 사이트에 접속하면 그림판이 나타납니다.

② 좌측에 있는 각 버튼의 기능을 확인합니다.

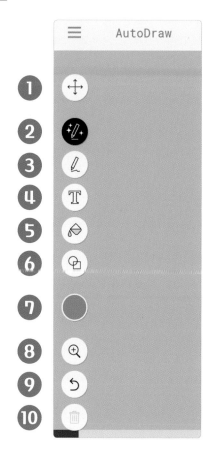

❶ 그림이나 글자를 이동할 때 사용

❷ 하얀 배경 위에 원하는 그림을 그리면 상단에 비슷한 자동으로 보여주기를 원할 때 사용

❸ 자동 변환을 원하지 않을 때 사용

❹ 글자를 쓰고 싶을 때 사용

❺ 색을 채우고 싶을 때 사용

❻ 도형을 넣고 싶을 때 사용

❼ 색깔을 고를 때 사용

❽ 화면을 확대 또는 축소하고 싶을 때 사용
(100%, 150%, 200%, 250%, 300%)

❾ 작업을 취소하고 싶을 때 사용

❿ 삭제할 때 사용

3 오토드로우를 선택한 상태에서 다음과 같이 그림을 그려봅니다.

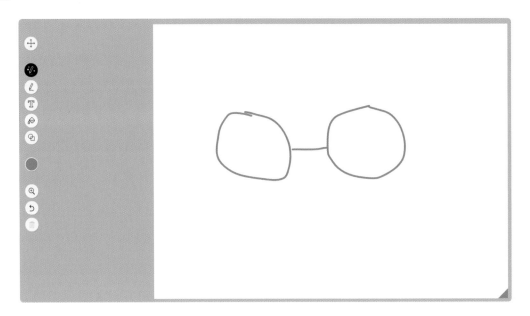

4 상단에 인공지능이 추천하는 완성 그림의 모습이 여러 개 나타납니다.

5 인공지능이 추천하는 그림 중 자신이 그리려고 했던 그림이 있는지 살펴보고 있으면 선택합니다.

6 만약 자신이 원하는 그림이 없다면 원하는 그림의 특징을 생각해 좀 더 그려야 합니다.

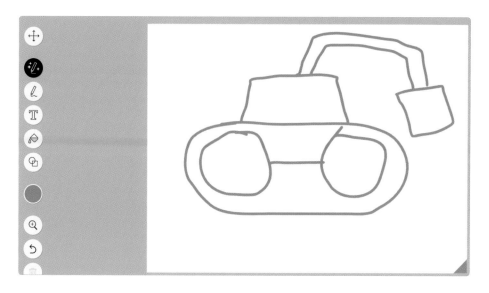

7 추천하는 그림이 달라지는 것을 확인할 수 있습니다.

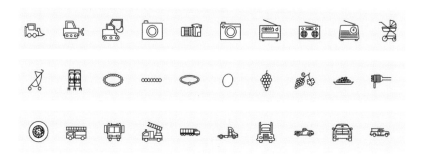

8 자신이 그리려고 했던 그림을 선택합니다.

9 원하는 색깔을 선택한 후 [색 채우기] 버튼을 누릅니다.

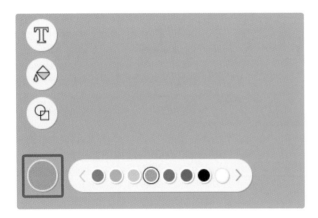

10 원하는 곳을 눌러 색칠을 완성합니다.

11 원하는 곳에 글자를 넣고 싶으면 [텍스트] 버튼을 눌러 원하는 위치에 글자를 입력합니다. 상단 메뉴바에서 글자의 크기 및 글꼴을 변경할 수 있습니다.

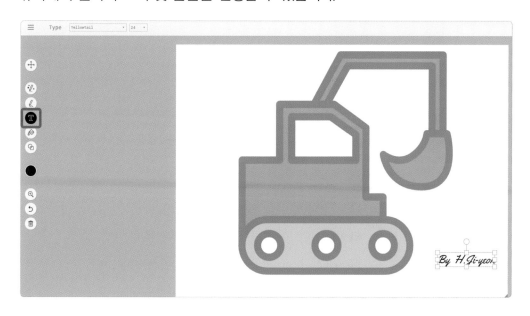

12 상단에 있는 3개의 줄무늬를 누르면 다음과 같은 메뉴가 나타납니다.

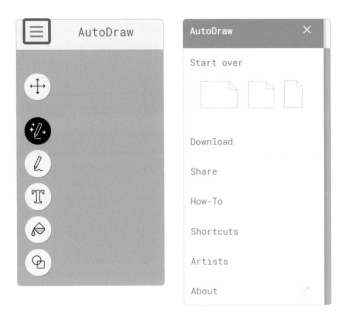

13 다운로드를 눌러 자신이 완성한 그림을 저장합니다.

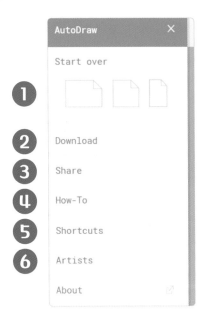

❶ 그림판의 모양이나 크기를 변경하고 싶을 때 사용

❷ 완성한 그림을 이미지 파일로 저장하고 싶을 때 사용

❸ 완성한 그림을 공유하고 싶을 때 사용

❹ 오토드로우 사용 방법을 알고 싶을 때 사용

❺ 단축키 사용을 알고 싶을 때 사용

❻ 오토드로우를 비롯해 구글에서 실시하는 AI 실험에 대해
알고 싶을 때 사용

자신의 작품을 친구들과 공유해요!

오토드로우를 활용해 나만의 그림 카드를 만들어 보세요. 완성한 그림 카드는 [공유하기] 버튼을 눌러 친구에게 보낼 수 있어요.

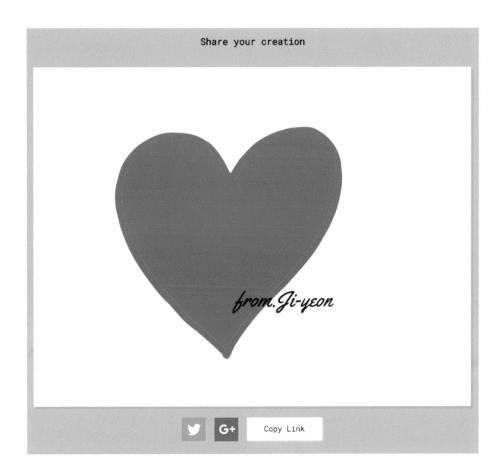

SECTION
07

인공지능과 한판 대결!

인공지능과 그림 퀴즈 대결을 할 수 있을까요? 사용자가 그리는 그림을 인공지능이
무엇인지 알아맞히는 게임인 퀵드로우를 해보세요.

수업 길잡이

난이도 ★★☆☆☆
소요시간 20분 이상
학습영역 딥러닝
준비물 PC 또는 노트북,
사이트 주소 알기
(https://edu.readyai.org/)

AI 학습을 준비해요!

활동 목표
퀵드로우 사이트를 살펴보고,
체험해보기

활동 약속
20초 안에 그림 그리기

성취기준을 달성해요!

수업 활동

6학년 창체(동아리) : 다양한 학술 분야와 문화에
대해 관심을 가지고 체험 위주의 활동을 통하여
지적 탐구력과 문화적 소양을 기른다.(정보 활동)

K11-12 : 인공지능이 많은 소프트웨어 및 물리적
시스템을 어떻게 운영하는지 설명한다.(K12 CSS)

이 놀이는

AI 소양

정해진 시간 내에 사용자가 그린 대강의 그림을 보고 어떤 그림인지를 알아맞히는 〈퀵드로우〉를 체험해
보는 활동입니다. 오토드로우와 마찬가지로 사람들이 그림을 그리는 방식, 즉 패턴에 대한 수많은 경우
의 수를 수집하여 이를 분석함으로써 어떤 그림인지를 판단하는 딥러닝의 원리를 간접적으로 체험해볼
수 있습니다.

1 퀵드로우(https://quickdraw.withgoogle.com/) 사이트에 접속하면 메인 화면이 나타납니다. [시작하기] 버튼을 클릭합니다.

2 앞으로 총 6개의 제시어가 보입니다. 20초 이내에 제시어에 해당하는 사물이나 동물을 직접 그려야 합니다. [알겠어요!] 버튼을 누릅니다. 예시에서는 첫 번째 그려야 할 제시어로 무지개가 나왔습니다.

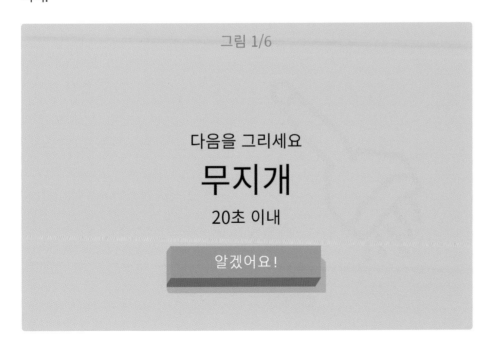

3 인공지능이 사용자가 그린 그림을 알아보는 경우 바로 맞힐 수 있습니다.

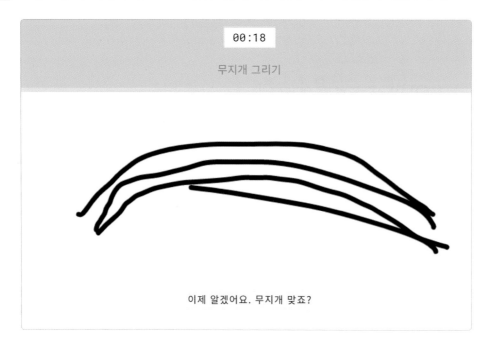

00:18

무지개 그리기

이제 알겠어요. 무지개 맞죠?

4 인공지능이 사용자가 그린 그림을 비슷한 다른 사물로 판단할 수도 있습니다.

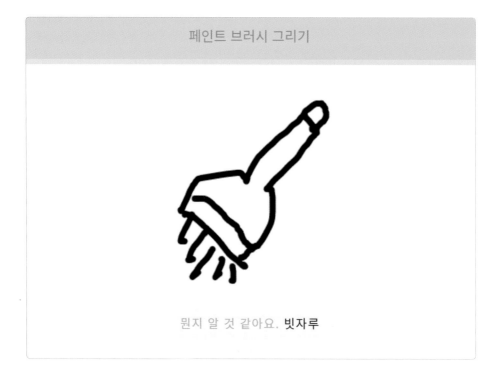

페인트 브러시 그리기

뭔지 알 것 같아요. **빗자루**

5 사용자가 제시어에 해당하는 특징을 제대로 파악하지 못하고 그림을 그릴 경우 인공지능은 전혀 모르겠다는 응답을 할 수도 있습니다.

6 이렇게 총 6개의 제시어를 다 그리고 나면 6개 중 인공지능이 몇 개를 맞혔는지 그 결과가 나옵니다. 예시에서는 얼룩말은 맞히지 못했고 나머지 번개, 눈사람, 라디오, 의자, 페인트 통은 잘 맞혔습니다.

7 결과로 나타난 그림을 하나 클릭해봅시다. 주어진 그림의 주제가 무지개이고, 인공지능이 사용자가
이렇게 그렸을 때 무지개라고 인식했다는 결과를 말해주고 있습니다.

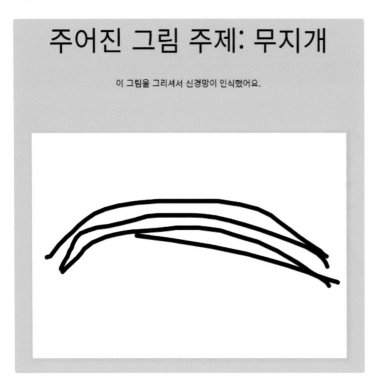

8 인공지능이 정확하게 일치한 그림으로 무지개를, 두 번째로 비슷한 그림으로 부메랑을 생각했음을
알 수 있습니다.

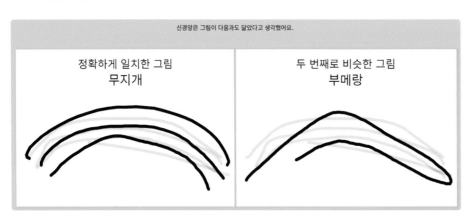

9 인공지능이 그렇게 판단한 이유로 다른 사람들이 그린 무지개 그림을 보여주고 있습니다. 즉, 사람들이 그린 수많은 무지개 그림을 통해 사용자가 방금 그린 그림을 무지개라고 판단했던 것입니다. 인공지능이 데이터를 바탕으로 학습한다는 사실을 알 수 있습니다.

10 다른 그림도 클릭해 인공지능이 학습하고 있는 다른 사람의 그림 예시도 살펴봅니다.

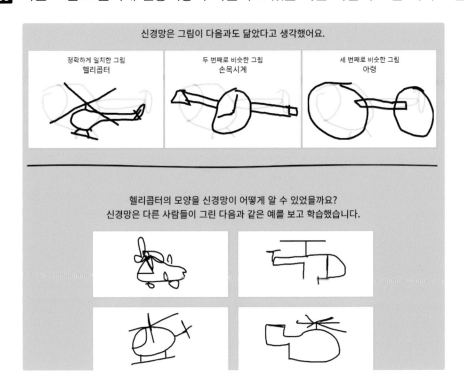

자신의 결과를 친구들과 공유해요!

[다시 플레이하기] 버튼을 눌러 인공지능이 내가 그린 그림을 다시 한번 맞혀보게 하거나 자신이 게임을 하면서 그린 그림을 SNS를 통해 공유해보세요.

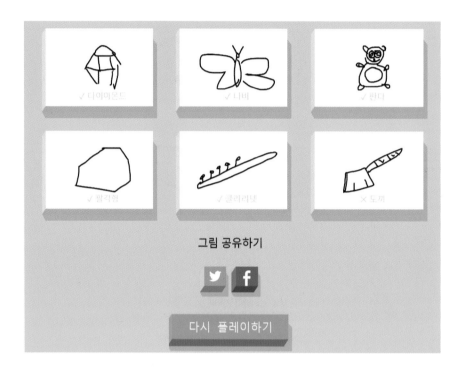

SECTION 08

챗봇을 만들어요!

사람처럼 대화할 수 있는 인공지능에 대해 들어본 적이 있나요? 챗봇을 만드는 원리를 체험할 수 있는 사이트에 대해 알고 간단한 챗봇을 만들어 보세요.

수업 길잡이

난이도 ★★★★☆
소요시간 30분 이상
학습영역 인공지능 체험 및 응용
준비물 PC 또는 노트북, 사이트 주소 알기
(https://danbee.ai/)

AI 학습을 준비해요!

활동 목표
챗봇의 동작 원리를 알고 간단한 챗봇 만들기

활동 약속
일상생활에서 챗봇이 활용되는 예시 생각해보기

AI 성취기준을 달성해요!

수업 활동
6학년 실과 : [6실04-07] 소프트웨어가 적용된 사례를 찾아보고 우리 생활에 미치는 영향을 이해한다.

K11-12 : 인공지능이 많은 소프트웨어 및 물리적 시스템을 어떻게 운영하는지 설명한다. (K12 CSS)

이 놀이는

상호작용

사용자의 말을 분석하고, 의도를 분류하며 핵심어를 추출해 적절한 대화를 진행할 수 있는 챗봇에 대해 알아보는 활동입니다. 간단한 질문과 모범 답안인 FAQ를 만들어 프로그래밍 없이도 손쉽게 만들 수 있는 챗봇을 만들어 봅시다.

1 단비 AI(https://danbee.ai) 사이트에 접속합니다. [4주 무료 이용] 버튼을 클릭합니다.

2 로그인 화면이 나옵니다. 이메일로 계정을 직접 만들거나 연동된 SNS 계정으로 로그인합니다. 요금제 선택 화면에서 카드를 등록하라고 합니다. 무료 체험이 끝나는 4주 뒤 스타터 요금제로 자동 변경되기 때문에 처음 카드를 등록해놓고 4주가 되기 전 탈퇴합니다. 탈퇴하지 않더라도 만든 챗봇 서비스를 이용하지 않아 무료 제공량이 모두 소진되지 않았다면 요금이 발생하지 않습니다.

3 만든 계정으로 로그인하였을 때 보이는 화면입니다. 무료 체험 중이며 언제까지 무료 이용 가능한지 안내해줍니다. 아직 챗봇을 만들지 않았으므로 만든 챗봇의 개수는 0개, 사용자 1명, 사용량 0으로 나옵니다.

4 좌측 상단에 있는 챗봇을 클릭합니다. 관리 중인 챗봇이 없다는 메시지가 나오며 챗봇 목록으로 이동할 수 있습니다. [챗봇목록으로] 버튼을 클릭합니다.

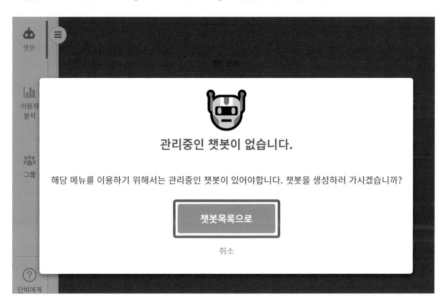

5 질의응답형 챗봇을 만들기 위해 [생성하기] 버튼을 클릭합니다.

6 챗봇 프로필 사진을 기존 이미지대로 하거나 여러분이 원하는 사진으로 바꿔줍니다.

7 챗봇의 이름을 정하고 챗봇에 대한 간단한 설명을 적습니다. 검색 엔진에 노출되기 때문에 핵심어를 제시하는 것이 좋습니다. 만들고자 하는 챗봇의 카테고리를 설정하고 다음 단계로 넘어갑니다.

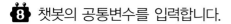
8 챗봇의 공통변수를 입력합니다.

- 사용안내는 챗봇이 처음 시작될 때 사용자에게 안내하는 문구입니다. 예시에서처럼 "AI 교육 관련 단순 문의에 응답하고 있어요. '홍지연', '영진닷컴', '스크래치', '엔트리' 등과 같이 입력해주세요."라고 할 수도 있고 쇼핑 관련 문의를 받는 챗봇이라면 "쇼핑 관련 단순 문의에 응답할 수 있어요. '환불절차', '상품문의' 등을 입력해주세요."라고 작성하면 됩니다.

- 예시로 만들어 보는 챗봇이므로 회사명은 여러분이 원하는 대로 입력합니다.

- 상세문의 링크는 챗봇이 답변하지 못한 경우, 사용자가 활용할 수 있는 링크를 의미합니다. 예시로 만들어 보는 챗봇이므로 상세문의링크 역시 임의로 입력합니다.

- 공통 변수를 모두 입력하였으면 다음 단계로 넘어갑니다.

공통변수 입력

공통변수   2/4단계

챗봇의 공통변수를 입력합니다.

사용안내 ❓   ❶ 사용안내 예시 적기

어떤 영역에 대한 답변을 하고 있는지, 어떻게 입력하면 대답을 하는지 예시를 제공하세요.
예) 쇼핑몰관련 단순 문의에 응답하고 있어요. '배송조회', '신상품추천', '환불절차'와 같이
입력해주세요.

AI교육 관련 단순 문의에 응답하고 있어요. '홍지연', '영

회사명 ❓   ❷ 회사명 적기

웰컴메세지에서 소개할 회사 이름입니다.

영진닷컴-홍지연AI

상세문의링크 ❓   ❸ 상세 문의 링크 입력하기

고객이 FAQ봇의 답변에 만족스럽지 않았을 때, 문의를 접수할 수 있는 페이지 URL을
입력해주세요.

다음 단계로   뒤로   ❹ 다음 단계로 넘어가기

9 예상되는 질문과 그에 대한 대답을 입력합니다. 질문과 답변을 바로 입력해도 좋고, 샘플을 다운받아 스프레드시트에 내용을 입력 후 업로드해도 좋습니다. 예시에서는 샘플을 다운받아 내용을 변경한 뒤 업로드해보도록 하겠습니다.

10 다운로드한 샘플 파일을 열어보면 다음과 같이 질문과 답변, 버튼명과 링크를 입력하도록 되어 있습니다. 질문과 답변은 필수이며 버튼명과 링크는 선택입니다.

– 스프레드시트에 답변과 관련된 추가적인 정보를 제공하는 웹URL이 있다면, 버튼명과 버튼URL을 입력해서 사용자가 클릭할 수 있는 링크를 제공할 수 있습니다. 빈 상태로 두면 버튼이 표시되지 않습니다.

– 여러분이 만들기를 원하는 챗봇이 받을 수 있는 질문 목록을 작성하고, 그에 대한 모범 답안을 직접 작성해봅니다.

	A 질문(필수)	B 답변(필수)	C [1] 버튼명	D [1] 출력문구/링크
	이 셀부터 질문을 채워주세요.	질문(필수)·답변(필수) 등 머리말 행을 삭제하지마세요.		
	챗봇은 어떻게 만드나요?	안녕하세요! OO 쇼핑몰입니다. 챗봇은 단비에서 만드실 수 있습니다.	단비로 이동	https://danbee.ai
	이번주 인기상품 추천해주세요.	이번주 새로운 추천상품은 아래 링크에서 만나볼 수 있습니다.	추천상품 보러가기	https://추천상품URL.com
	사이즈 선택을 어떻게 해야할지 헷갈려요	제품안내 페이지 상단에 실착 사이즈가 적혀 있어요. 사람마다 체형이 다르		
	교환/반품은 어떻게 하나요?	제품을 받은 후 7일 내로 접수해주세요. 교환은 동일상품에서 사이즈/색상	OO택배 바로가기	https://OO택배URL.com
	교환/반품이 안되는 경우가 있나요?	제품 택에 훼손이 있는 경우는 안 되요. 또는 고객님 부주의로 제품에 손상		
	반품할건데 현금으로 환불해주세요.	카드결제/휴대폰 결제 등은 불가능하고, 무통장 입금결제건만 현금환불 가		
	여러 개 샀는데 하나만 부분취소 가능할?	부분취소를 원하시는 분은 별도 1:1문의를 주셔야 진행가능합니다. 가능여		
	무통장입금 결제는 어떻게 환불받아요?	1:1 문의란에 성명/계좌번호/은행명/주문번호를 남겨주세요. 상품 검수 완		

⑪ 직접 입력한 FAQ 스프레드시트를 업로드하면 자동으로 내용이 입력된 것을 확인할 수 있습니다. [다음 단계로] 버튼을 눌러 넘어갑니다.

⑫ 챗봇이 완성되었습니다. QR코드, URL을 통해 다른 사람도 챗봇을 사용할 수 있게 됩니다. Embed 코드를 이용하면 웹사이트의 우측 하단에 쉽게 챗봇을 적용시킬 수 있습니다. [챗봇 생성하기] 버튼을 클릭하여 챗봇 생성을 마칩니다.

챗봇을 만들어요!

13 챗봇 목록에 방금 여러분이 만든 챗봇이 보입니다. 하단에 있는 버튼 중 [대화 의도] 버튼을 눌러 챗봇이 제대로 작동하는지 테스트해보겠습니다.

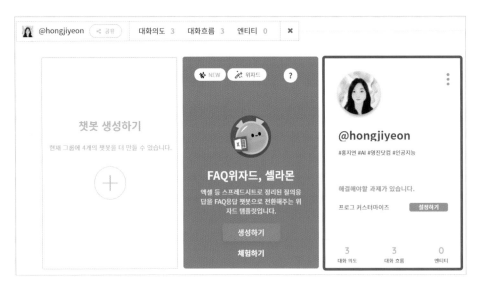

14 우측에 있는 챗봇 테스트 화면에 대화를 입력합니다. "인공지능 공부는 어떻게 시작하나요?"라고 물었을 때 그에 대한 답변이 나오는 것을 확인할 수 있습니다. 여러분도 여러분이 만든 챗봇에 직접 질문하고, 이에 대한 답변을 잘 하는지 확인해봅니다.

1 대화 의도란 입력 문장이 어떤 의도인지를 분류하기 위한 기준입니다. 예를 들어 사용자가 "안녕"이라는 말을 했을 때 이 말이 인사라는 이름의 대화 의도임을 알도록 하면 챗봇이 추론할 때 좀 더 정확하고 빠르게 응답할 수 있도록 합니다.

2 기본으로 만들어져 있는 대화 의도는 3개입니다. 인사와 관련된 예문이 있는 웰컴과 질문을 알아 듣지 못할 때, 프로필 대화와 관련된 대화 의도로 얼마든지 카테고리를 추가할 수 있습니다. 예시에서는 웰컴을 클릭해 인사와 관련된 예문을 등록해보고 챗봇이 제대로 반응하는지 테스트해보겠습니다.

대화 의도

Intent라고도 하며, 챗봇이 여러가지 대화를 적절하게 이해하고 대응할 수 있도록 대화 의도를 등록, 학습시킵니다.
자세히 알아보기

⋮≡ 생성순   필터 추가하기

그리드로 보기 | 리스트로 보기 (총 3 개)

welcome
welcome   M F C

질문을 알아 듣지 못할때
진행할 수 없음   M F C

프로필 대화
챗봇 프로필   M F C

3 인사와 관련해 예상되는 예문을 추가하고 변경 내용을 저장합니다.

4 대화 의도에 저장된 목록에 따라 챗봇이 인사에 반응하며 인사로 답변을 하는 모습을 볼 수 있습니다. 더 많은 예문을 등록하고 테스트해봅니다.

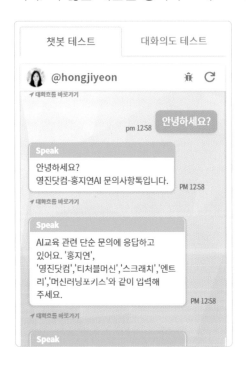

SECTION 09

AI 프로그래밍 체험을 준비해요!

머신러닝 모델을 만들고 만든 모델을 활용해 AI 프로그램을 만들 수 있는 머신러닝 포 키즈 사이트에 대해 알고, 계정을 만들어 AI 프로그래밍을 할 수 있는 준비를 해요.

수업 길잡이

난이도 ★★★★☆
소요시간 30분 이상
학습영역 머신러닝 학습
준비하기
준비물 PC 또는 노트북,
사이트 주소 알기
(https://machinelearning
forkids.co.uk/)

AI 학습을 준비해요!

활동 목표

머신러닝 포 키즈 사이트를 살펴보고,
계정 만들기

활동 약속

계정을 만드는 과정을 하나씩 따라해보기

AI 성취기준을 달성해요!

수업 활동

6학년 실과 : **[6실04-07]** 소프트웨어가
적용된 사례를 찾아보고 우리 생활에 미치는
영향을 이해한다.

K11-12 : 인공지능이 많은 소프트웨어 및
물리적 시스템을 어떻게 운영하는지 설명한다.
(K12 CSS)

이 놀이는

AI 소양

머신러닝의 과정을 체험해볼 수 있는 사이트인 〈머신러닝 포 키즈〉를 살펴보고 프로젝트를 체험하기 위해 계정을 만드는 방법을 알아보는 활동입니다. 다소 복잡하지만, 나만의 다양한 머신러닝 모델을 만들고 이를 활용한 AI 프로그램까지 직접 만들어보기 위한 과정이므로 한 단계씩 따라해볼 수 있도록 합니다.

1 머신러닝 포 키즈(https://machinelearningforkids.co.uk/) 사이트에 접속합니다. 우측 상단에 언어를 한국어로 바꿀 수 있는 버튼이 있습니다. 자동 번역이 되지 않는다면 이 버튼을 눌러 한국어로 세팅하세요. 그리고 [시작해봅시다] 버튼을 누릅니다.

2 처음인 경우 [계정 만들기] 버튼을 클릭합니다. 이미 계정이 있는 친구들은 아이디와 비밀번호를 입력해 로그인합니다. 로그인하지 않고 등록 건너뛰기의 [지금 실행해보기] 버튼을 선택할 수도 있지만, 이 경우 다양한 기능을 활용하지 못할 수 있습니다. 여러 프로젝트를 다양하게 체험하고자 한다면 계정을 만듭니다.

머신러닝을 시작해봅시다

처음인가요?   계정 만들기

왜 등록하나요?

이미 등록되어 있나요?   로그인

아이디나 비밀번호를 잊어버렸나요?

등록 건너뛰기   지금 실행해보기

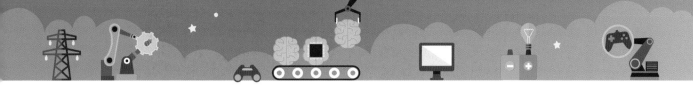

3 선생님과 함께 학습한다면 〈학생〉 계정을 선생님께 받아야 합니다. 선생님의 도움 없이 여러분 스스로 이 책을 보면서 학습한다면 [교사 혹은 코딩 클럽의 리더] 버튼을 선택해 계정을 만듭니다.

머신러닝을 시작해봅시다

< 뒤로

계정 만들기

반가워요! 아이들을 위한 머신러닝 계정을 만들어보세요

왜 등록하나요?

누구십니까?

교사 혹은 코딩 클럽의 리더

학생

4 계정을 만들기 위해서는 다음과 같이 3단계를 거쳐야 합니다. 먼저 IBM 클라우드에서 계정을 만들고, Watson 클라우드 서비스용 API 키를 만든 후 머신러닝에서 API 키를 입력해야 합니다. 이 과정이 다소 복잡할 수 있지만 하나씩 따라해봅니다.

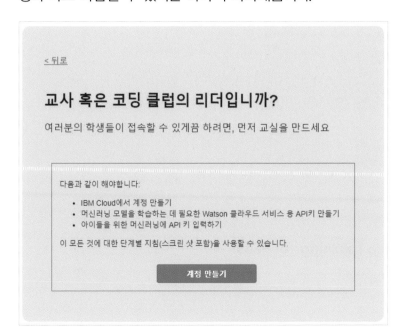

< 뒤로

교사 혹은 코딩 클럽의 리더입니까?

여러분의 학생들이 접속할 수 있게끔 하려면, 먼저 교실을 만드세요

다음과 같이 해야합니다:

- IBM Cloud에서 계정 만들기
- 머신러닝 모델을 학습하는 데 필요한 Watson 클라우드 서비스 용 API키 만들기
- 아이들을 위한 머신러닝에 API 키 입력하기

이 모든 것에 대한 단계별 지침(스크린 샷 포함)을 사용할 수 있습니다.

계정 만들기

5 사용자 이름과 이메일 주소를 입력하고, 아래에 "IBM 클라우드에서 발생한 모든 요금 또는 요금에 대한 책임이 귀하에게 있습니다."라는 메시지에 동의합니다. 우리는 무료로 제공되는 서비스만 이용할 예정이므로 동의 표시를 해도 상관없습니다. 그리고 아래에 있는 파란색 [클래스 계정 만들기/CREATE CLASS ACCOUNT] 버튼을 누릅니다.

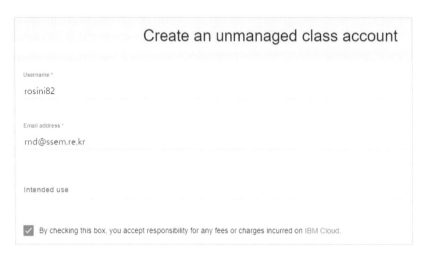

6 계정이 만들어졌다는 메시지와 비밀번호 메시지 "your passwaod is (비밀번호)"가 보입니다. 여기 화면에 자동 생성된 비밀번호를 꼭 기억해야 합니다. 그리고 계정을 만들 때 입력했던 메일함으로 갑니다.

7 메일함에 온 메일을 확인 후 [계정 확인하기/Confirm my account]를 클릭합니다.

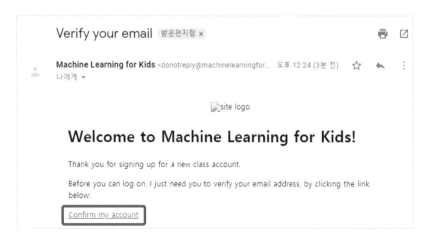

8 처음 보았던 머신러닝 포 키즈 사이트의 메인 화면으로 자동 연결됩니다. [시작해봅시다] 버튼을 클릭한 뒤 로그인으로 들어갑니다.

9 로그인 화면이 보이면 사용자 이름과 아까 메시지에서 뜬 비밀번호를 입력하고 로그인합니다. 다음에 다시 로그인해야 하므로 비밀번호를 꼭 기억하도록 합니다.

10 로그인을 화면 메인 페이지 화면에 변화가 생깁니다. 이로서 계정 만들기 단계는 모두 완료하였습니다.

API 키가 필요해요!

1 앞의 활동에서 계정 만들기까지는 성공을 했습니다. 머신러닝 모델을 만들고 이를 활용한 프로그램이 제대로 동작하기 위해서는 아직 2단계가 더 남았습니다. 상단 메뉴에서 〈선생님〉을 선택한 뒤 [API Keys]의 [Watson API Keys] 버튼을 선택합니다.

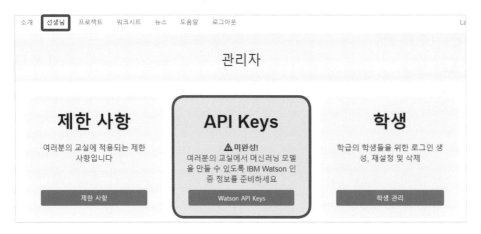

2 텍스트 프로젝트를 완성하기 위해서는 텍스트 인식 인증서가 필요하며, 이미지 프로젝트를 완성하기 위해서는 이미지 인식 인증키가 필요하다는 메시지가 보입니다.

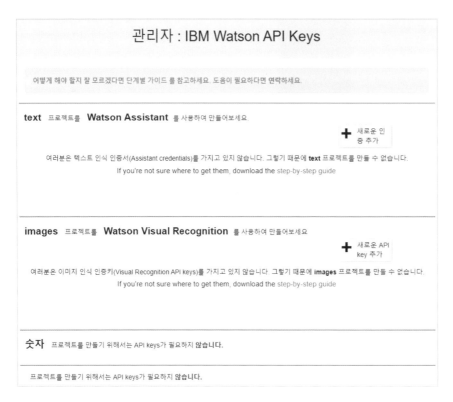

3 IBM 클라우드에서 계정을 만들고, Watson 클라우드 서비스용 API 키를 만든 후 머신러닝에서 API 키를 입력해야 모든 과정이 완료되므로 IBM 클라우드(https://cloud.ibm.com/)에 접속합니다. [계정 작성] 버튼을 클릭합니다.

4 계정을 만들기 위해 이메일, 이름, 성, 국가 또는 지역, 비밀번호를 차례대로 작성하고 하단에 있는 [계정 생성] 버튼을 누릅니다. 그리고 만들어진 계정으로 로그인합니다.

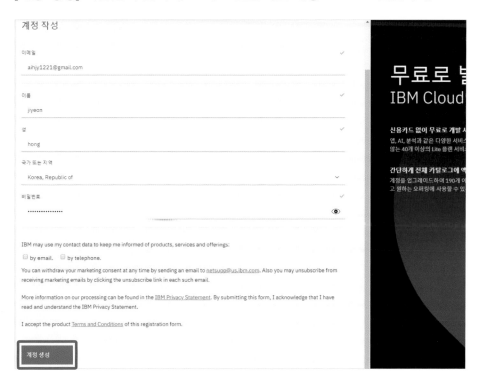

5 로그인을 하면 보이는 대시보드 화면의 상단 우측에 있는 [카탈로그]를 클릭합니다.

6 [카탈로그]의 [서비스]를 눌렀을 때 보이는 목차 중 [AI / 기계 학습]의 체크박스를 클릭합니다. [AI / 기계 학습] 항목에서 서비스되고 있는 것 중 [Watson Assistant]를 클릭합니다.

7 무료인 Lite 또는 Plus Trial을 선택하고 오른쪽에 있는 파란색 [작성] 버튼을 클릭합니다.

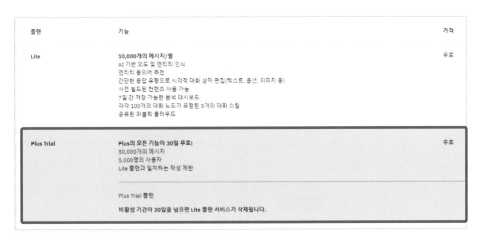

플랜	기능	가격
Lite	10,000개의 메시지/월 AI 기반 의도 및 엔티티 인식 엔티티 동의어 추천 간단한 응답 유형으로 시각적 대화 상자 편집(텍스트, 옵션, 이미지 등) 사전 빌드된 컨텐츠 사용 가능 7일 간 저장 가능한 분석 대시보드 각각 100개의 대화 노드가 포함된 5개의 대화 스킬 공유된 퍼블릭 클라우드	무료
Plus Trial	Plus의 모든 기능이 30일 무료! 50,000개의 메시지 5,000명의 사용자 Lite 플랜과 일치하는 작성 제한 Plus Trial 플랜 **비활성 기간이 30일을 넘으면 Lite 플랜 서비스가 삭제됩니다.**	무료

8 API 키가 보이고 끝에 있는 네모 버튼을 누르면 자동으로 복사됩니다.

※ API 키란 머신러닝 기술에 접근할 수 있는 열쇠라고 볼 수 있습니다.

도구를 실행하여 시작

Watson Assistant 실행   학습서 시작하기 ☐   API 참조

신임 정보

다운로드 ↓   신임 정보 표시 ◎

API 키:

••••••••••••••••••••••••••••   🗍 복사됨!

URL:

https://api.eu-gb.assistant.watson.cloud.ibm.com/instances/33540fbe-5757-4abe-a52c-b17b00f5

9 다시 머신러닝 포 키즈의 인증 화면으로 가서 [새로운 인증 추가] 버튼을 클릭합니다.

관리자 : IBM Watson API Keys

어떻게 해야 할지 잘 모르겠다면 단계별 가이드 를 참고하세요. 도움이 필요하다면 연락하세요.

text 프로젝트를 **Watson Assistant** 를 사용하여 만들어보세요.

➕ 새로운 인 증 추가

여러분은 텍스트 인식 인증서(Assistant credentials)를 가지고 있지 않습니다. 그렇기 때문에 **text** 프로젝트를 만들 수 없습니다.
If you're not sure where to get them, download the step-by-step guide

10 Lite 또는 Plus Trial에 체크하고 아래에 API 키 복사한 것을 붙여넣기한 후 [추가] 버튼을 클릭합니다.

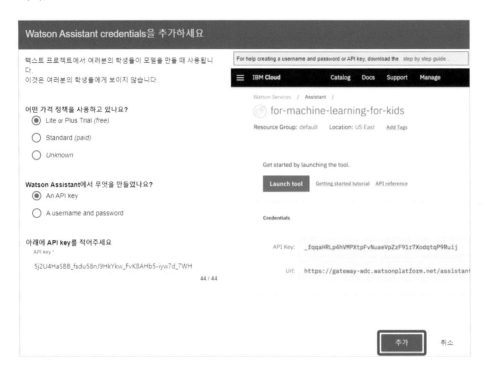

11 인증이 완료되어 텍스트 머신러닝 모델을 사용할 수 있게 되었습니다. 만약 선생님이 학생을 추가한다면 추가한 학생들이 만들 수 있는 텍스트 머신러닝 모델의 수는 5개입니다.

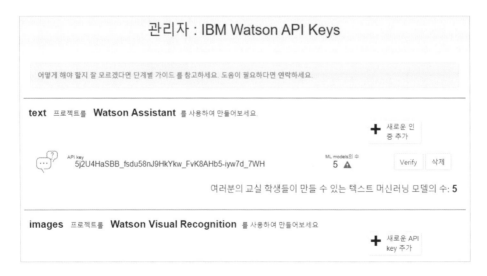

12 이제는 이미지 머신러닝 모델을 만들기 위한 API 키를 받기 위해 다시 IBM 클라우드로 갑니다. [AI / 기계 학습] 항목에서 서비스되고 있는 것 중 이번에는 [Visual Recognition]을 클릭합니다.

13 무료인 [Lite]를 선택하고 오른쪽에 있는 파란색 [작성] 버튼을 클릭합니다.

플랜	기능
Lite	매달 1,000개의 이벤트: 사전에 훈련된 모델 분류(일반, 음식, 명시)(이미지) 사용자 정의 모델 분류(이미지) 사용자 정의 모델 훈련(이미지) 2개의 사용자 정의 모델 IBM Cloud 조직당 1개의 Lite 플랜 인스턴스 Core ML에 내보내기 무료 Lite 플랜을 이용하면 무료로 매달 1,000개의 이벤트(이미지)와 두 개의 사용자 정의 모델을 훈련할 수 독 플랜으로 업그레이드해야 합니다. 비활성 기간이 30일을 넘으면 Lite 플랜 서비스가 삭제됩니다.
Standard	이미지 태그 지정 이벤트 종량 과금제 훈련 이벤트 종량 과금제 사용자 정의 태그 지정 이벤트 종량 과금제 식품 태그 지정 이벤트 종량 과금제 명시적 태그 지정 이벤트 종량 과금제

14 API 키가 보이고 끝에 있는 네모 버튼을 누르면 자동으로 복사됩니다.

※ API 키란 머신러닝 기술에 접근할 수 있는 열쇠라고 볼 수 있습니다.

15 다시 머신러닝 포 키즈의 인증 화면으로 가서 이미지 프로젝트의 [새로운 API Key 추가] 버튼을 클릭합니다.

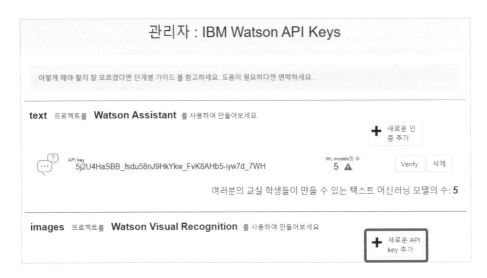

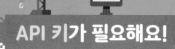

16 Lite에 체크하고 아래에 API 키 복사한 것을 붙여넣기한 후 [추가] 버튼을 클릭합니다.

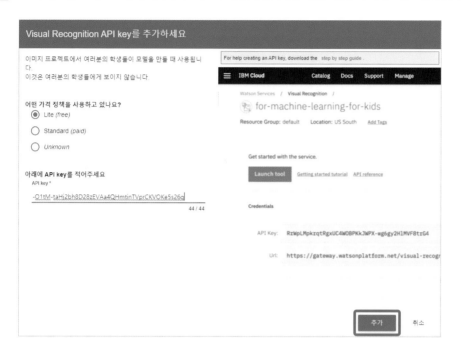

17 모든 인증 절차가 완료되어 이미지 머신러닝 모델을 사용할 수 있게 되었습니다. 만약 선생님이 학생을 추가한다면 추가한 학생들이 만들 수 있는 머신러닝 모델의 수는 2개입니다.

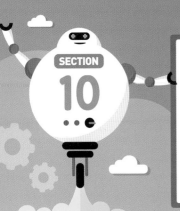

SECTION
10

좋은 말과 나쁜 말을 판단해요!

머신러닝 모델을 만들어 긍정적인 말과 부정적인 말을 구분해 사용자가 사용하는 말에 반응하는 인공지능 프로그램을 만들어요.

수업 길잡이

난이도 ★★★★☆
소요시간 30분 이상
학습영역 머신러닝,
텍스트 인식, 지도학습
준비물 PC 또는 노트북,
사이트 주소 알기
(https://machinelearning
forkids.co.uk/)

AI 알고리즘과 프로그래밍을 배워요!

활동 목표
긍정적인 말과 부정적인 말을 구분하는
AI 프로그램 만들기

활동 약속
긍정적인 단어와 부정적인 단어를 레이블로
나눠보기

성취기준을 달성해요!

수업 활동

6학년 실과 : [6실04-10] 자료를 입력하고
필요한 처리를 수행한 후 결과를 출력하는
단순한 프로그램을 설계한다.

K11-12 : 인공지능이 많은 소프트웨어 및
물리적 시스템을 어떻게 운영하는지 설명한다.
(K12 CSS)

이 놀이는

인공지능이 긍정적인 말인지 부정적인 말인지를 어떻게 구분하는지 학습하는 과정을 알아보는 활동
입니다. 직접 긍정적인 말과 부정적인 말을 담은 레이블을 만들어 학습시키고 머신러닝 모델을 만들어
이를 활용한 프로그램을 완성하는 과정에서 인공지능의 텍스트 인식 원리를 이해할 수 있습니다.

텍스트 인식

1 머신러닝 포 키즈(https://machinelearningforkids.co.uk/) 사이트에 접속합니다. 자신의 계정으로 로그인한 뒤 [프로젝트로 이동] 버튼을 누릅니다.

2 [프로젝트 추가] 버튼을 클릭합니다.

3 프로젝트의 이름을 "Good or Bad"로 입력하고, 인식방법을 '텍스트'로, 언어를 'Korean'으로 선택하고 [만들기] 버튼을 클릭합니다. 프로젝트의 이름은 영어로 작성해야 합니다.

4 방금 만든 〈Good or Bad 텍스트 인식 프로젝트〉가 만들어집니다. 프로젝트를 눌러봅니다.

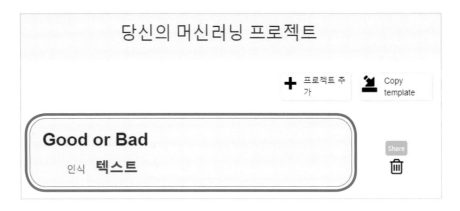

5 [훈련], [학습 & 평가], [만들기] 3가지 버튼이 보입니다. 먼저 [훈련] 버튼을 선택합니다.
　– 훈련은 "긍정적인 말"과 "부정적인 말"과 관련된 데이터를 추가하여 학습을 준비하는 단계입니다.

6 [새로운 레이블 추가] 버튼을 누릅니다.
　– 레이블은 쉽게 말해 여러분이 모은 데이터를 담아놓는 바구니입니다. "긍정적인 말"을 담을
　바구니와 "부정적인 말"을 담을 바구니가 필요하므로 2개의 레이블을 추가할 것입니다.

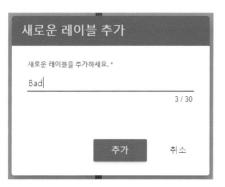

7 긍정적인 말을 담을 〈Good〉 레이블과 부정적인 말을 담을 〈Bad〉 레이블을 추가합니다.

8 만들어진 2개의 레이블 각 아래에 있는 [데이터 추가] 버튼을 누릅니다. 〈Good〉 레이블에는 긍정적인 말과 관련된 데이터를 추가하고, 〈Bad〉 레이블에는 부정적인 말과 관련된 데이터를 추가해주세요.

긍정적인 말 예시	잘 했어. 멋있다. 최고야. 좋아. 훌륭해. 고마워. 사랑해. 잘 할 수 있어. 친절하다. 상냥하다. 최고예요. 멋져요. 고마워요. 잘 했어요. 등
부정적인 말 예시	나쁘다. 넌 이상해. 정말 별로야. 바보야. 너가 싫어. 싫어. 최악이야. 넌 왜 그 모양이니. 짜증나. 미워. 못생겼어. 넌 쓸모가 없어. 등

9 데이터는 많을수록 좋습니다. 적어도 10개 이상의 데이터를 각각 입력하고, 레이블 당 데이터의 수도 비슷하게 넣어줍니다. 텍스트 데이터의 경우 문장이 긴 경우와 짧은 경우, 존댓말과 반말 등을 다양하게 섞어서 추가하는 것이 좋습니다.

– 데이터를 모두 추가한 뒤 상단에 있는 [프로젝트로 돌아가기]를 클릭해주세요.

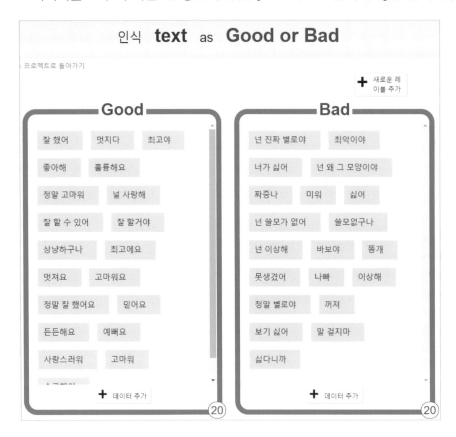

10 이번에는 [학습 & 평가] 버튼을 선택합니다.

– 학습 & 평가는 추가한 데이터로 컴퓨터를 학습시키고 제대로 학습했는지 확인하는 단계입니다.

⓫ [훈련] 단계에서 수집한 데이터의 수가 보입니다. 아래에 있는 [새로운 머신러닝 모델을 훈련시켜보세요.] 버튼을 눌러 학습을 실시합니다. 학습이 진행되는 동안 기다려야 합니다.

⓬ 학습이 완료되면 학습이 잘 되었는지 확인하기 위해 문자를 입력하고 [테스트] 버튼을 클릭합니다. 예시에서는 "사랑합니다."를 입력하였고, 좋은 말임을 71%로 판단하고 있습니다.

⓭ [프로젝트로 돌아가기]를 누른 뒤 [만들기] 버튼을 클릭합니다.
　－ 만들기는 스크래치 등을 사용해 완성된 머신러닝 모델로 게임이나 프로그램을 만드는 단계입니다.

14 스크래치 3을 선택합니다.

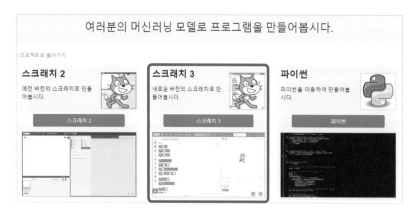

15 '고양이' 스프라이트를 삭제하고, 새 스프라이트를 추가하기 위해 [스프라이트 고르기] 버튼을 클릭합니다.

16 〈사람들〉에서 'Ripley'를 선택합니다.

17 'Ripley'의 크기를 '100'에서 '150'으로 수정하고, 배경을 추가하기 위해 [배경 고르기] 버튼을 클릭합니다.

18 'Spaceship'을 선택합니다.

19 'Ripley' 스프라이트를 선택한 상태에서 다음과 같이 코드를 작성합니다.

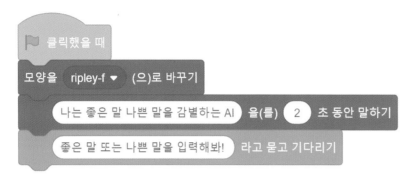

❶ 얼굴 표정을 감추기 위해 [녹색 깃발을 클릭했을 때] 뒷모습을 보이도록 [모양을 (ripley-f)로 바꾸기]를 연결합니다.

❷ 말풍선으로 이야기를 하기 위해 [(안녕)을 (2)초 동안 말하기]를 연결하고, (안녕) 대신에 (나는 좋은 말 나쁜 말을 감별하는 AI)라고 씁니다.

❸ 사용자가 입력한 대답 값을 받기 위해 [(What's your name?) 라고 묻고 기다리기]를 연결하고, (What's your name?) 대신에 (좋은 말 또는 나쁜 말을 입력해봐!)라고 씁니다.

❹ 사용자가 입력한 값에 따라 좋은 말인지, 나쁜 말인지 판단하기 위해 [만약 (조건)이라면, 아니면] 블록을 그림처럼 연결하고 (조건) 속에 [( )=(50)]을 넣습니다.

❺ 여러분이 학습시킨 텍스트 머신러닝인 〈Good or Bad〉와 관련된 블록을 찾습니다.

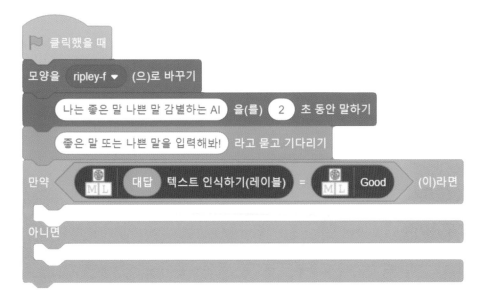

❻ 사용자가 대답 값으로 입력한 텍스트가 좋은 말에 해당하는지를 판단하기 위해 조건 속 [(   )=(50)] 블록의 왼쪽에는 [(text) 텍스트 인식하기(레이블)]을 넣고, 오른쪽 (50)에는 [Good]을 넣어줍니다. 그리고 (text) 대신 [대답] 블록을 넣습니다.

7-1 좋은 말이라고 판단했을 때 'Ripley' 스프라이트가 환한 표정을 보이며 말풍선으로도 말하고 음성으로도 말하기 위해 다음과 같이 코드를 작성합니다.

– [모양을 (ripley-a)로 바꾸기] 블록과 [(안녕) 말하기]를 차례로 연결한 뒤 (안녕) 대신에 (좋은 말이군요! 행복해요!)라고 씁니다. 그리고 텍스트를 음성으로 바꿔주는 확장 기능을 추가한 뒤 [(안녕) 말하기]를 연결하고, 마찬가지로 (안녕) 대신에 (좋은 말이군요! 행복해요!)라고 씁니다.

참고하세요! 〈확장 기능 추가하기〉를 누르면 [텍스트 음성 변환] 블록을 추가할 수 있어요!

7-2 나쁜 말이라고 판단했을 때 'Ripley' 스프라이트가 슬픈 표정을 보이며 말풍선으로도 말하고 음성으로도 말하기 위해 다음과 같이 코드를 작성합니다.

– [모양을 (ripley-c)로 바꾸기] 블록과 [(안녕) 말하기]를 차례로 연결한 뒤 (안녕) 대신에 (나쁜 말이군요! 슬퍼요!)라고 씁니다. 그리고 추가한 텍스트 음성변환에서 [(안녕) 말하기]를 연결하고, 마찬가지로 (안녕) 대신에 (나쁜 말이군요! 슬퍼요!)라고 씁니다.

❽ 녹색 깃발을 눌러 프로그램을 실행시킨 뒤 좋은 말 또는 나쁜 말을 입력합니다. 입력된 텍스트를 판단하여 좋은 말인지 나쁜 말인지 대답합니다.

1 프로그램의 제목을 "좋은 말 나쁜 말 감별사" 또는 원하는 이름으로 입력하고, 파일의 [컴퓨터에 저장하기] 버튼을 눌러 저장합니다.

2 다시 [훈련]으로 돌아가 〈Good〉 레이블과 〈Bad〉 레이블 외 새로운 레이블을 추가하고 머신러닝 모델을 훈련시킨 후 새로운 텍스트 인식 AI 프로그램을 만들어 봅니다.

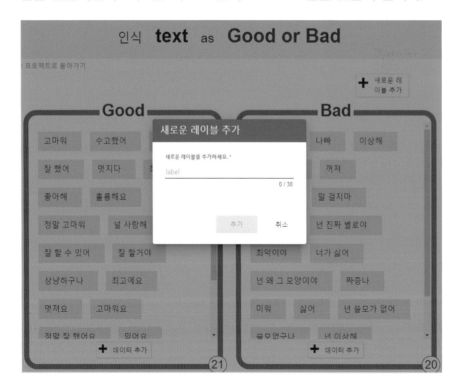

물건 분류기를 만들어요!

머신러닝 모델을 만들어 섞여 있는 물건이 무엇인지 판단해 양쪽으로
분류할 수 있는 인공지능 프로그램을 만들어요.

수업 길잡이

난이도 ★★★★☆
소요시간 30분 이상
학습영역 머신러닝, 이미지
인식, 지도학습
준비물 PC 또는 노트북,
사이트 주소 알기
(https://machinelearning
forkids.co.uk/)

AI 알고리즘과 프로그래밍을 배워요!

활동 목표

어떤 물건인지 판단해 분류하는
AI 프로그램 만들기

활동 약속

인터넷에서 이미지를 찾을 때는
저작권 확인하기

성취기준을 달성해요!

수업 활동

6학년 실과 : **[6실04-10]** 자료를 입력하고
필요한 처리를 수행한 후 결과를 출력하는
단순한 프로그램을 설계한다.

K11-12 : 인공지능이 많은 소프트웨어 및
물리적 시스템을 어떻게 운영하는지 설명한다.
(K12 CSS)

이 놀이는

인공지능이 서로 다른 물건을 어떻게 구분하는지 학습하는 과정을 알아보는 활동입니다. 데이터를
직접 수집하여 학습을 시키고 머신러닝 모델을 만들어 이를 활용한 프로그램을 완성하는 과정에서
인공지능의 이미지 인식 원리를 이해할 수 있습니다.

이미지 인식

AI 프로그램을 만들어요!

머신러닝 포 키즈(https://machinelearningforkids.co.uk/) 사이트에 접속합니다. 자신의 계정으로 로그인한 뒤 [프로젝트로 이동] 버튼을 누릅니다.

[프로젝트 추가] 버튼을 클릭합니다.

프로젝트의 이름을 "Doll or Pen?"으로 입력하고, 인식방법을 '이미지'로 선택하고 [만들기] 버튼을 클릭합니다. 프로젝트의 이름은 영어로 작성해야 합니다.

4️⃣ 방금 만든 〈Doll or Pen? 이미지 인식 프로젝트〉가 만들어졌습니다. 프로젝트를 눌러봅니다.

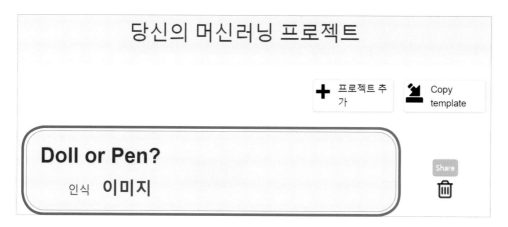

5️⃣ [훈련], [학습 & 평가], [만들기] 3가지 버튼이 보입니다. 먼저 [훈련] 버튼을 선택합니다.
  – 훈련은 "인형"과 "펜"과 관련된 이미지 데이터를 추가하여 학습을 준비하는 단계입니다.

6️⃣ [새로운 레이블 추가] 버튼을 누릅니다.
  – 레이블은 쉽게 말해 여러분이 모은 데이터를 담아놓는 바구니입니다. "인형 이미지"를 담을
    바구니와 "펜 이미지"를 담을 바구니가 필요하므로 2개의 레이블을 추가할 것입니다.

7 인형 이미지를 담을 〈Doll〉 레이블과 펜 이미지를 담을 〈Pen〉 레이블을 추가합니다.

 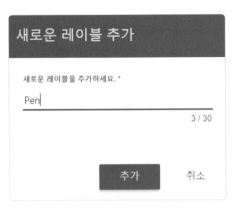

8 만들어진 2개의 레이블 각 아래에 있는 [웹] 또는 [웹캠] 버튼을 누릅니다. 직접 인형 사진이나 펜 사진을 찍을 예정이면 [웹캠]을 누르고 인터넷에 있는 이미지를 활용할 예정이면 [웹]을 누릅니다. 예시에서는 [웹] 버튼을 눌러 인터넷에 있는 이미지를 활용하는 방법을 알아보겠습니다.

- [웹]을 누르면 데이터의 URL을 입력하라고 나옵니다.
- 인터넷에 있는 사진 또는 이미지의 경우 저작권이 있으므로 함부로 가져오면 안됩니다.
- 무료 이미지 또는 사용이 허락된 이미지를 찾아야 합니다.
- 다음 무료 이미지 사이트인 픽사베이(https://pixabay.com/ko/)에 접속합니다.

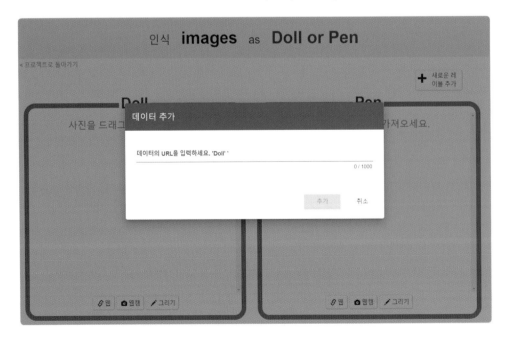

9 무료 이미지 사이트에서 "인형"을 검색합니다.

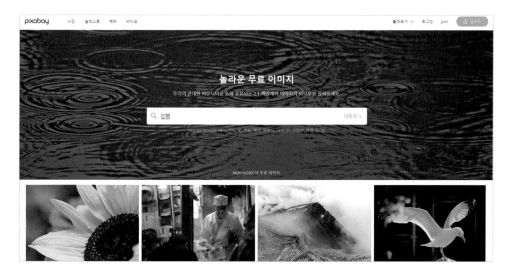

10 검색을 통해 나온 이미지 오른쪽에 나오는 라이센스를 확인합니다. 무료로 다운로드 가능하고 상업적 용도로도 사용 가능하며 출처를 안 밝혀도 된다고 나와 있다면 사용해도 좋습니다. 해당 이미지에 마우스 커서를 가져간 뒤 오른쪽 버튼을 누르면 〈이미지 주소 복사〉를 할 수 있습니다.

11 복사한 이미지의 주소를 붙여넣기한 뒤 [추가] 버튼을 클릭합니다.

12 〈Doll〉 레이블과 〈Pen〉 레이블에 각각 이미지 데이터를 충분히 넣습니다. 최소 10장 이상의 데이터를 넣어야 하며 데이터의 수는 많으면 많을수록 정확도가 높아집니다. 또한, 각 레이블에 넣는 데이터의 수도 비슷하게 합니다. 레이블에 담은 데이터의 수는 각 레이블 하단의 숫자로 확인할 수 있습니다.

　－ 데이터를 모두 추가한 뒤 상단에 있는 [프로젝트로 돌아가기]를 클릭해주세요.

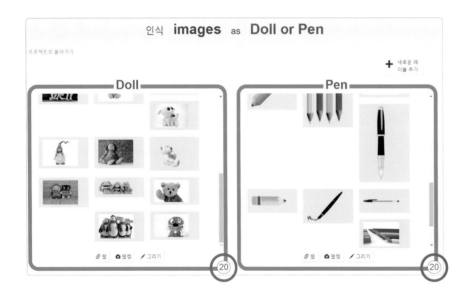

13 이번에는 [학습 & 평가]를 선택합니다.

14 [훈련] 단계에서 수집한 데이터의 수가 보입니다. 아래에 있는 [새로운 머신러닝 모델을 훈련시켜보세요.] 버튼을 눌러 학습을 실시합니다. 학습이 진행되는 동안 기다려야 합니다.

15 학습이 완료되면 학습이 잘 되었는지 확인하기 위해 문자를 입력하고 [웹캠으로 테스트하기] 버튼을 클릭합니다. 예시에서는 실제 펜을 찍었고 펜임을 92%로 판단하고 있습니다.

16 [프로젝트로 돌아가기]를 누른 뒤 [만들기] 버튼을 클릭합니다.

17 스크래치 3을 선택합니다.

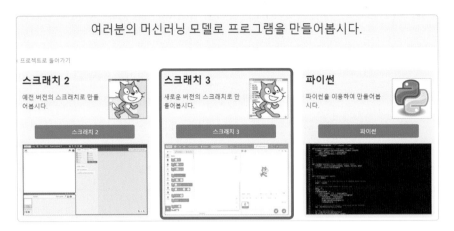

18 '고양이' 스프라이트를 삭제하고, 새 스프라이트를 추가하기 위해 [스프라이트 업로드하기] 버튼을 클릭합니다. 인형 또는 펜 사진 1장을 대표로 업로드합니다.

19 스프라이트의 크기는 기본 '100'으로 저장되므로 크기를 조금 작게 줄입니다.

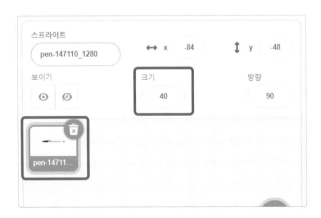

20 [모양] 탭으로 가서 [모양 업로드하기] 버튼을 눌러 인형 이미지와 펜 이미지를 각 10장 정도씩 추가합니다. 또는 [카메라] 버튼을 눌러 인형 이미지와 펜 이미지를 각 10장씩 찍어서 추가해도 좋습니다. 단, 인형 이미지와 펜 이미지가 서로 반복되어 나오도록 모양을 추가합니다.

21 대표로 올린 '펜' 스프라이트를 선택한 상태에서 프로그램이 실행했을 때 화면에 물건이 보이지 않도록 [녹색 깃발을 클릭했을 때] 블록 아래에 [숨기기]를 연결합니다. 그리고 변수로 가서 [변수 만들기] 버튼을 클릭합니다.

㉒ 새로운 변수 이름을 "위치"라고 입력하고 변수를 만들어 줍니다. 그리고 다시 [변수 만들기] 버튼을 클릭해 변수 [물건]을 하나 더 만들어 줍니다.

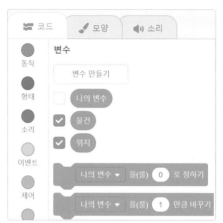

㉓ [(위치)를 (0)으로 정하기]와 [(물건)을 (0)으로 정하기] 블록을 그림처럼 차례대로 연결하고, 위치 변수의 값을 (0) 대신에 (152)로 정해줍니다. [위치] 변수의 경우 스프라이트의 위치를 변경해주기 위해 필요하며, [물건] 변수의 경우 대표 스프라이트인 '펜' 모양에 추가한 총 20개의 인형과 펜 이미지들을 활용하기 위해 필요합니다. 그리고 스프라이트 자신을 복제하기 위해 [(나 자신) 복제하기] 블록을 연결해줍니다.

24 복제된 스프라이트가 순서대로 화면에 보이기 위해 [복제되었을 때] 블록을 가져온 후 [(물건)을 (1) 만큼 바꾸기]를 연결합니다. 1씩 바뀐다는 것은 추가된 모양의 번호가 1씩 바뀌면서 대표 스프라이트의 모양이 추가한 이미지의 순서대로 바뀐다는 것을 의미합니다. 그리고 [만약 (조건)이라면] 블록을 그림처럼 연결하고 (조건) 속에 [(   ) 〈 (   )] 블록을 넣습니다. 왼쪽 (   )에는 변수 [물건]을 넣고, 오른쪽 (   )에는 숫자 "21"을 입력합니다.

```
복제되었을 때

물건 ▼ 을(를) 1 만큼 바꾸기

만약  물건 < 21  (이)라면
```

25 조건을 만족했을 때 대표 스프라이트에 추가된 총 20개의 모양이 맨 앞쪽으로 나오면서 순서대로 보이도록 하기 위해 [모양을 (물건)으로 바꾸기], [보이기], [맨 (앞쪽)으로 순서 바꾸기] 블록을 차례대로 연결하고, [x: (0), y: (0)으로 이동하기] 블록을 그림처럼 연결해 화면 가운데로 올 수 있도록 합니다.

```
복제되었을 때

물건 ▼ 을(를) 1 만큼 바꾸기

만약  물건 < 21  (이)라면

    모양을 물건 (으)로 바꾸기

    보이기

    맨 앞쪽 ▼ 으로 순서 바꾸기

    x: 0  y: 0  (으)로 이동하기
```

26 화면에 나타난 이미지가 〈Doll〉 레이블에 해당한다면 왼쪽으로 이동하고, 그렇지 않으면 오른쪽으로 이동하기 위해 [만약 (조건)이라면, 아니면] 블록을 가져와 그림처럼 연결하고, (조건)에 [( )=( )] 블록을 넣습니다. 왼쪽 ( )에 [(image) 이미지 인식하기(레이블)] 블록을 넣고, (image) 대신에 [costume image] 블록을 넣습니다. 그리고 오른쪽 ( )에 [Doll] 블록을 넣습니다.

– 조건을 만족했을 때 즉, 화면에 보이는 이미지가 인형이라면 왼쪽으로 이동하도록 [(1)초 동안 x: (0), y: (0)으로 이동하기]를 연결하고, x에는 [(−210)부터 (−100) 사이의 난수] 블록을, y에는 변수 [위치] 블록을 넣습니다.

– 조건을 만족하지 않았을 때 즉, 화면에 보이는 이미지가 인형이 아니라 펜이라면 오른쪽으로 이동하도록 [(1)초 동안 x: (0), y: (0)으로 이동하기]를 연결하고, x에는 [(100)부터 (210) 사이의 난수] 블록을, y에는 변수 [위치] 블록을 넣습니다.

또한, 화면에 나타난 이미지가 왼쪽 또는 오른쪽으로 이동할 때 조금씩 아래와 내려와 서로 완전히 겹치지 않도록 [(위치)를 (−14)만큼 바꾸기] 블록과 [(나 자신) 복제하기] 블록을 차례대로 연결합니다.

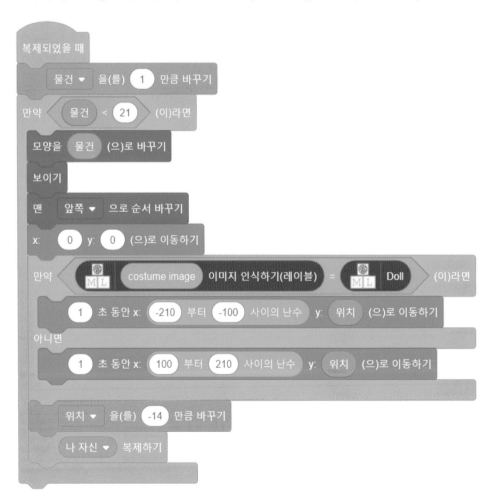

27 녹색 깃발을 눌러 프로그램을 실행시킨 뒤 물건 분류기가 화면에 나타난 물건을 바르게 판단하여 분류하는지 확인해봅니다.

– 가운데에 등장한 물건이 왼쪽 또는 오른쪽으로 움직입니다.

– 인형이라고 판단하면 왼쪽으로 펜으로 판단하면 오른쪽으로 이동시켜 두 물건을 분류하였음을 알 수 있습니다.

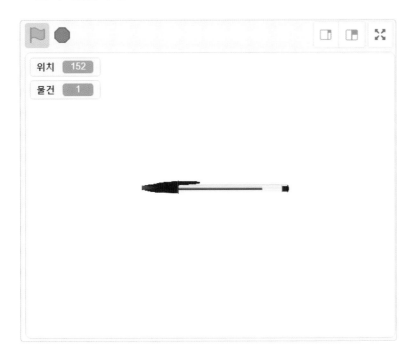

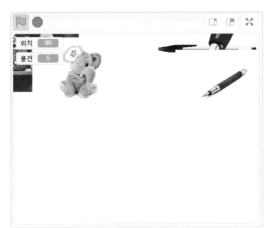

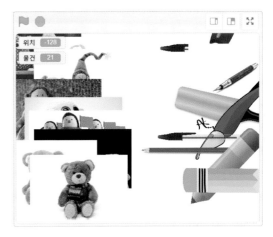

1 프로그램의 제목을 "물건분류기" 또는 원하는 이름으로 입력하고, 파일의 [컴퓨터에 저장하기] 버튼을 눌러 저장합니다.

2 다시 [훈련]으로 돌아가 〈Doll〉 레이블과 〈Pen〉 레이블 외 새로운 레이블을 추가하고 머신러닝 모델을 훈련시킨 후 새로운 이미지 인식 AI 프로그램을 만들어 봅니다.

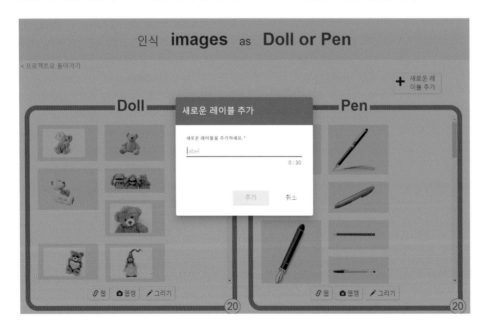

소리나는 대로 움직여요!

머신러닝 모델을 만들어 어떤 음성 명령인지 판단해 명령대로 움직일 수 있는
인공지능 프로그램을 만들어요.

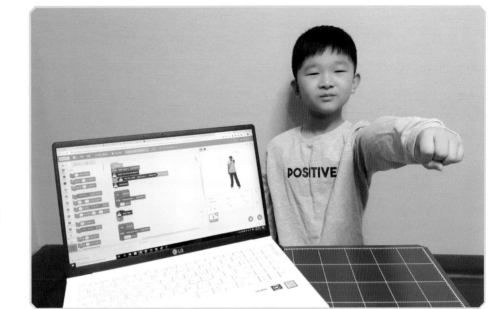

수업 길잡이

난이도 ★★★★☆
소요시간 30분 이상
학습영역 머신러닝, 이미지
인식, 지도학습
준비물 PC 또는 노트북,
사이트 주소 알기
(https://machinelearning
forkids.co.uk/)

AI 알고리즘과 프로그래밍을 배워요!

활동 목표
어떤 음성 명령인지 판단해 움직이는
AI 프로그램 만들기

활동 약속
음성 명령을 내릴 때 목소리를 크게 내기

성취기준을 달성해요!

수업 활동

6학년 실과 : **[6실04-10]** 자료를 입력하고
필요한 처리를 수행한 후 결과를 출력하는
단순한 프로그램을 설계한다.

K11-12 : 인공지능이 많은 소프트웨어 및
물리적 시스템을 어떻게 운영하는지 설명한다.
(K12 CSS)

이 놀이는

음성 인식

인공지능이 서로 다른 소리 명령을 어떻게 구분하는지 학습하는 과정을 알아보는 활동입니다. 데이
터를 직접 수집하여 학습을 시키고 머신러닝 모델을 만들어 이를 활용한 프로그램을 완성하는 과정
에서 인공지능의 음성 인식 원리를 이해할 수 있습니다.

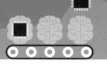

AI 프로그램을 만들어요!

1 머신러닝 포 키즈(https://machinelearningforkids.co.uk/) 사이트에 접속합니다. 자신의 계정으로 로그인한 뒤 [프로젝트로 이동] 버튼을 누릅니다.

2 [프로젝트 추가] 버튼을 클릭합니다.

3 프로젝트의 이름을 "1, 2, 3"으로 입력한 뒤 인식방법을 '소리'로 선택하고 [만들기] 버튼을 클릭합니다. 프로젝트의 이름을 숫자로 작성할 수도 있습니다.

4 여러분이 방금 만든 〈1, 2, 3! 소리 인식 프로젝트〉가 만들어졌습니다. 프로젝트를 눌러봅니다.

5 [훈련], [학습 & 평가], [만들기] 3가지 버튼이 보입니다. 먼저 [훈련] 버튼을 선택합니다.
– 훈련은 "1", "2", "3"과 관련된 음성 데이터를 추가하여 학습을 준비하는 단계입니다.

6 [새로운 레이블 추가]를 하기 전에 주변 소음(Background noise)을 먼저 추가해야 합니다. 하단의 [데이터 추가] 버튼을 누릅니다.

7 마이크 모양의 버튼을 누르면 녹음이 시작됩니다. 실제 주변의 소음이나 발생 가능한 소리를 직접 녹음해도 좋고, 인터넷에서 소음과 관련된 소리 데이터를 가져옵니다. 데이터를 가져올 때는 항상 저작권을 확인해야 합니다. 주변 소음을 녹음했다면 [추가] 버튼을 누릅니다.

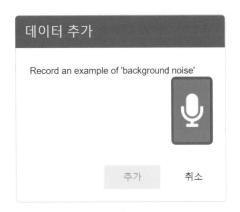 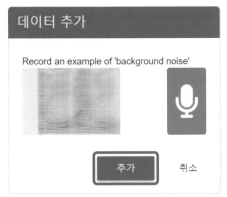

8 주변 소음 데이터를 10개 이상 추가했다면 [새로운 레이블 추가] 버튼을 누릅니다. 새로운 레이블의 이름을 "1"로 저장하고, [데이터 추가] 버튼을 눌러 "차렷"이라는 음성을 여러 번 녹음하여 추가합니다. "차렷"이라는 음성 데이터를 추가할 때 소리를 작게, 크게, 천천히, 빠르게 등 다양한 형태로 녹음하는 것이 좋습니다.

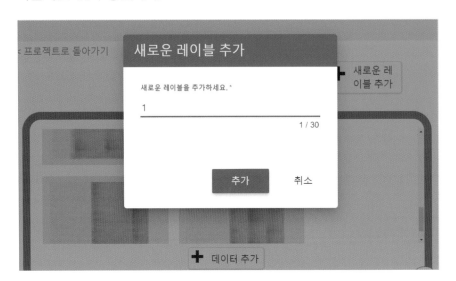

AI 프로그램을 만들어요!

9 레이블 〈1〉에는 "차렷"을, 레이블 〈2〉에는 "인사" 또는 "인사하세요"를, 레이블 〈3〉에는 "왼팔 들어" 또는 "왼팔"이라는 소리를 각각 추가합니다.

– 데이터를 모두 추가한 뒤 상단에 있는 [프로젝트로 돌아가기]를 클릭해주세요.

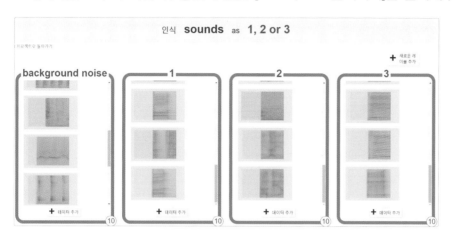

10 이번에는 [학습 & 평가] 버튼을 선택합니다.

11 [훈련] 단계에서 수집한 데이터의 수가 보입니다. 아래에 있는 [새로운 머신러닝 모델을 훈련시켜보세요.] 버튼을 눌러 학습을 실시합니다. 학습이 진행되는 동안 기다려야 합니다.

12 학습이 완료되면 학습이 잘 되었는지 확인하기 위해 [듣기 시작] 버튼을 누르고 "차렷" 또는 "인사" 또는 "왼팔 들어"라고 말합니다. 예시에서는 실제 "왼팔 들어"라고 말하였고 3, 즉 "왼팔 들어"임을 99%로 판단하고 있습니다.

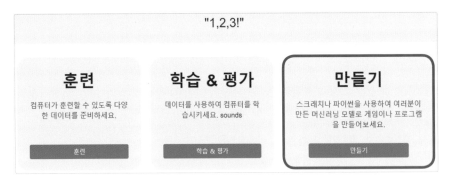

13 [프로젝트로 돌아가기]를 누른 뒤 [만들기] 버튼을 클릭합니다.

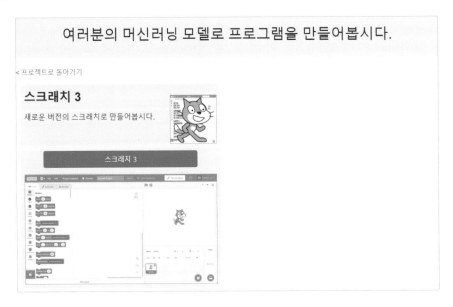

14 스크래치 3을 선택합니다.

15 '고양이' 스프라이트를 삭제하고, 새 스프라이트를 추가하기 위해 [스프라이트 고르기] 버튼을 클릭합니다.

16 'Ten80 Dance' 스프라이트를 선택합니다.

17 [모양] 탭으로 가면 총 13개의 모양이 있습니다. 그중 1, 8, 12, 13번만을 남기고 나머지 모양은 모두 삭제합니다.

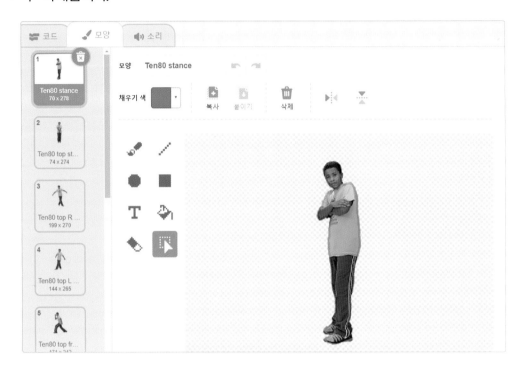

18 1, 8, 12, 13번 모양이 각각 1, 2, 3, 4번 모양이 되었습니다.

19 [코드] 탭으로 가서 'Ten80 Dance' 스프라이트를 선택한 상태로 다음과 같이 코드를 작성합니다. 처음 스프라이트의 기본 동작을 정해주기 위해 [녹색 깃발을 클릭했을 때] 블록 아래에 [모양을 (Ten80 stance)로 바꾸기]를 연결합니다.

- [새로운 머신러닝 모델 훈련하기(train new mashine learning model)] 블록과 [(머신러닝 모델은 사용 준비된 상태인가요?)까지 기다리기]를 차례대로 연결합니다. 앞의 활동에서 만든 〈1, 2, 3!〉 머신러닝 모델을 사용할 준비가 되었다면 듣기를 시작하기 위해 [듣기 시작하기(start listening)] 블록을 연결합니다.

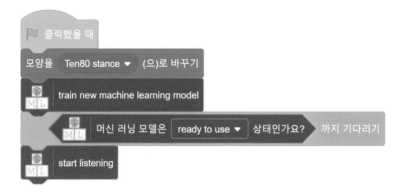

20 나만의 블록에서 [블록 만들기] 버튼을 클릭합니다. 나만의 블록 이름을 숫자로 "1" 또는 영어로 "one"이라고 입력하고 [확인] 버튼을 누르면 나만의 블록인 [one]이 만들어집니다.

21 나만의 블록 [one 정의하기] 블록 아래에 [모양을 (Ten80 pop stand)로 바꾸기] 블록을 연결해 차렷이라는 음성을 들었을 때 모양을 차렷 자세로 바꾸도록 합니다. 차렷의 모양으로 자세를 바꿈과 동시에 말풍선에서노 "자렷"을 따라 밀하도록 형태의 [(지껏) 말하기] 블록도 연결해줍니다.

- [1(one)을 들었을 때] 블록 아래에 [one] 블록을 연결해 차렷이라는 음성을 구분하여 스프라이트가 해당하는 동작을 실행할 수 있도록 합니다.

22 나만의 블록 [two 정의하기] 블록 아래에 [모양을 (Ten80 pop down)로 바꾸기] 블록을 연결해 인사라는 음성을 들었을 때 고개를 숙여 인사하는 모양으로 바꾸도록 합니다. 인사하는 모양으로 자세를 바꿈과 동시에 말풍선에서도 "인사"를 따라 말하도록 형태의 [(인사) 말하기] 블록도 연결해줍니다.

  − [2(two)를 들었을 때] 블록 아래에 [two] 블록을 연결해 인사라는 음성을 구분하여 스프라이트가 해당하는 동작을 실행할 수 있도록 합니다.

23 나만의 블록 [three 정의하기] 블록 아래에 [모양을 (Ten80 pop R arm)로 바꾸기] 블록을 연결해 왼쪽 팔이라는 음성을 들었을 때 왼팔을 드는 모양으로 바꾸도록 합니다. 왼팔을 드는 모양으로 자세를 바꿈과 동시에 말풍선에서도 "왼팔"을 따라 말하도록 형태의 [(왼팔) 말하기] 블록도 연결해줍니다.

  − [3(three)을 들었을 때] 블록 아래에 [three] 블록을 연결해 왼팔이라는 음성을 구분하여 스프라이트가 해당하는 동작을 실행할 수 있도록 합니다.

24 녹색 깃발을 눌러 프로그램을 실행시킨 뒤 차렷 또는 인사 또는 왼팔을 소리로 직접 말했을 때 스프라이트가 제대로 동작하는지 확인해봅니다.

– 차렷이라고 말했을 때 차렷 자세를 취하고, 말풍선으로 차렷을 말합니다.

– 인사라고 말했을 때 인사하는 자세를 취하고, 말풍선으로 인사를 말합니다.

– 왼팔이라고 말했을 때 왼팔을 드는 자세를 취하고 말풍선으로 왼팔을 말합니다.

1 프로그램의 제목을 "소리나는 대로 움직이기" 또는 원하는 이름으로 입력하고, 파일의 [컴퓨터에 저장하기] 버튼을 눌러 저장합니다.

2 다시 [훈련]으로 돌아가 〈1〉 레이블과 〈2〉 레이블, 〈3〉 레이블 외 새로운 레이블을 추가하고 머신러닝 모델을 훈련시킨 후 새로운 소리 인식 AI 프로그램을 만들어 봅니다.

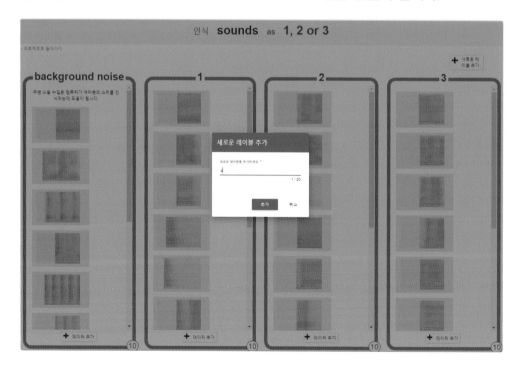

유령이 쫓아와요!

직접 게임을 실행해 훈련 데이터를 쌓고, 머신러닝 모델을 만들어 스스로 판단해 유령을 피하는 인공지능 게임을 만들어요.

수업 길잡이

난이도 ★★★★☆
소요시간 30분 이상
학습영역 머신러닝, 이미지 인식, 지도학습
준비물 PC 또는 노트북, 사이트 주소 알기
(https://machinelearning forkids.co.uk/)

AI 알고리즘과 프로그래밍을 배워요!

활동 목표
스스로 유령의 위치를 판단해 피해 다니는 AI 게임 만들기

활동 약속
여러 번 훈련을 반복해야 할 경우에도 집중하여 게임 완성하기

성취기준을 달성해요!

수업 활동
6학년 실과 : **[6실04-09]** 프로그래밍 도구를 사용하여 기초적인 프로그래밍 과정을 체험한다.

K11-12 : 인공지능이 많은 소프트웨어 및 물리적 시스템을 어떻게 운영하는지 설명한다. (K12 CSS)

이 놀이는

숫자 인식

팩맨이 유령을 피하는 다양한 패턴을 익히도록 훈련시켜 스스로 피할 수 있는 인공지능 게임의 원리를 배우는 활동입니다. 처음에는 쉽게 잡히지만, 훈련 데이터가 쌓이면 쌓일수록 유령을 피해 잘 도망치는 게임으로 완성되는 과정에서 인공지능의 숫자 인식 원리를 이해할 수 있습니다.

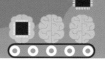

■ 머신러닝 포 키즈(https://machinelearningforkids.co.uk/) 사이트에 접속합니다. 자신의 계정으로 로그인한 뒤 [프로젝트로 이동] 버튼을 누릅니다.

■ [프로젝트 추가] 버튼을 클릭합니다.

■ 프로젝트의 이름을 "AI Game"으로 입력한 뒤 인식방법을 '숫자'로 선택합니다. 다른 프로젝트와 달리 [값 추가/ADD A VALUE] 버튼이 만들어집니다.

4 게임에서 움직일 캐릭터의 x값과 y값이 저장될 〈me x〉와 〈me y〉, 그리고 유령의 x값과 y값이 저장될 〈ghost x〉와 〈ghost y〉를 각각 만들고, 유형을 숫자로 지정해줍니다.

5 여러분이 방금 만든 〈AI Game 프로젝트〉가 만들어졌습니다. 프로젝트를 눌러봅니다.

6 [훈련], [학습 & 평가], [만들기] 3가지 버튼이 보입니다. 먼저 [훈련] 버튼을 선택합니다.

7 [새로운 레이블 추가] 버튼을 클릭합니다.

8 〈left〉, 〈right〉, 〈up〉, 〈down〉 총 4개의 레이블을 추가합니다.

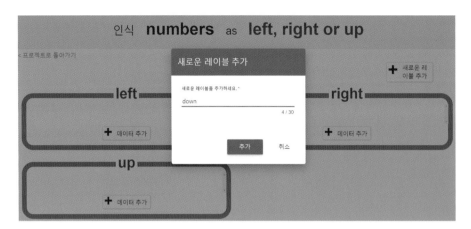

9 다른 프로젝트와 달리 [데이터 추가]를 지금 하지 않고 [프로젝트로 돌아가기]를 클릭합니다.

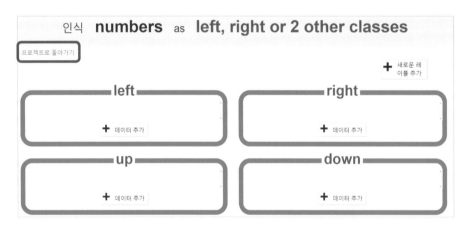

10 [만들기] 버튼을 클릭합니다.

11 스크래치 3을 선택합니다.

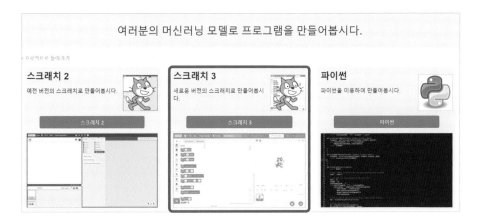

12 "훈련된 모델이 없습니다"는 메시지가 보입니다. 아래에 있는 [스크래치로 바로 가기/straight into Scratch]를 클릭합니다.

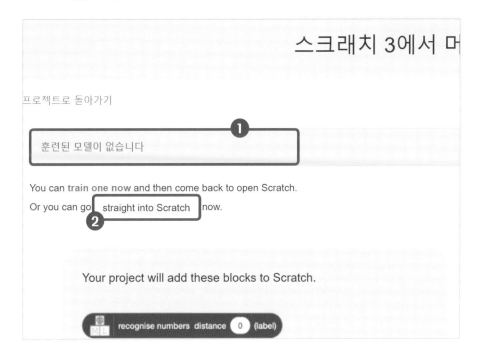

13 〈AI Game〉과 관련된 블록이 생성된 것을 확인할 수 있습니다. [프로젝트 템플릿]을 클릭합니다.

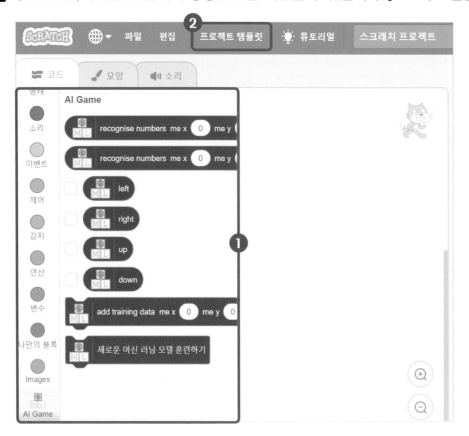

14 〈팩맨〉을 추가합니다.

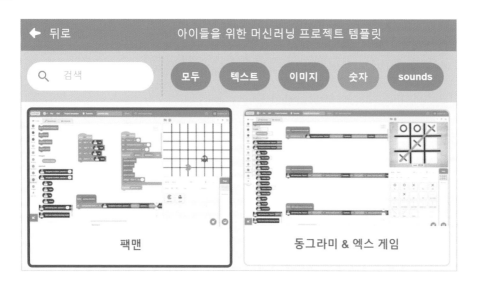

15 무대의 〈배경1〉을 선택한 상태에서 코드를 수정합니다. [녹색 깃발을 클릭했을 때] 블록 아래에 있는 [left를 (left)로 정하기] 속에 〈AI Game〉의 [left] 레이블을 넣습니다. 나머지 코드 역시 그림처럼 바꿔줍니다.

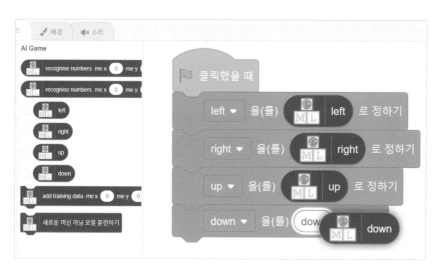

16 그대로 무대의 〈배경1〉을 선택한 상태에서 [pacman-decision 정의하기] 블록 아래 코드를 그림처럼 완성합니다. 팩맨의 다음 행동을 훈련하기 위해서는 각 화살표를 눌렀을 때 유령과 팩맨의 숫자값을 저장해주어야 하므로 [Add training data me x(0), me y(0), ghost x(0), ghost y(0) is (left)] 블록 속에 각각 [pacman_x], [pacman_y], [ghost_x], [ghost_y], [next-pacman-move] 변수값을 넣습니다.

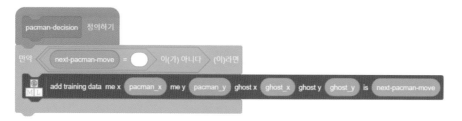

17 녹색 깃발을 눌러 게임을 실행해 훈련 데이터를 쌓아줍니다. 유령이 쫓아오면 화살표 방향키를 눌러 위, 아래, 오른쪽, 왼쪽으로 이동하며 도망칩니다.

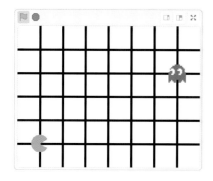 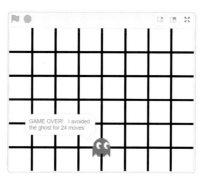

18 [프로젝트로 돌아가기]를 클릭한 후 [훈련] 버튼을 누릅니다.

19 앞에서 만들었던 〈left〉, 〈right〉, 〈up〉, 〈down〉 레이블에 데이터가 자동으로 쌓인 것을 볼 수 있습니다.

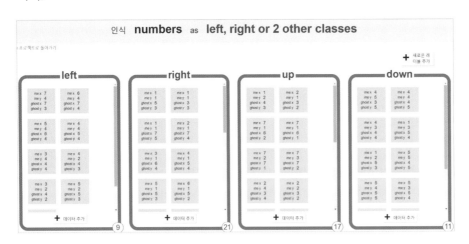

20 [프로젝트로 돌아가기]를 클릭한 후 [학습 & 평가] 버튼을 클릭합니다.

21 [새로운 머신 러닝 모델을 훈련시켜보세요.] 버튼을 클릭합니다.

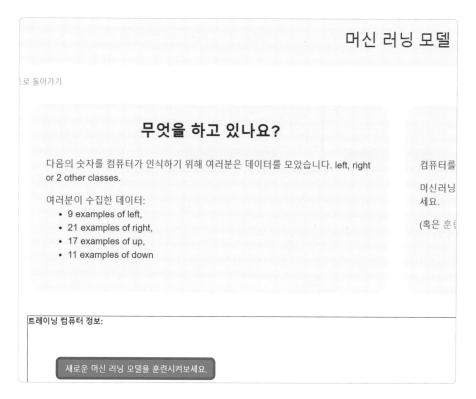

22 훈련이 완료되면 임의의 위치값을 넣어 테스트를 해봅니다. 예시에서는 각각 1, 2, 3, 4를 넣어 테스트를 했고, 100% up이라는 결과가 나왔습니다.

23 다시 [만들기] 버튼을 클릭합니다.

24 〈팩맨〉 프로젝트를 다시 불러온 후 이번에는 화살표로 움직이는 것이 아니라 머신러닝 훈련 모델을 바탕으로 스스로 유령을 피해 도망을 잘 다니는지 확인해보겠습니다. 새로 프로젝트를 불러왔으므로 다시 무대 〈배경1〉을 아래 코드처럼 작성해줍니다.

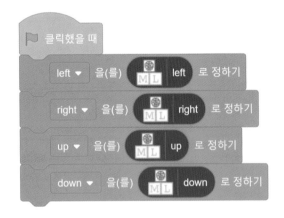

25 [pacman-decision 정의하기] 블록 아래 코드를 삭제합니다.

26 변수의 [(next-pacman-move)를 (0)으로 정하기]를 연결한 뒤 (0) 대신 [recognise numbers me x (pacman_x) me y (pacman_y) ghost x (ghost_x) ghost y (ghost_y) (label)]을 넣어줍니다.

27 녹색 깃발을 눌러 게임을 실행합니다. 머신러닝 모델을 훈련시키기 전에는 여러분이 직접 화살표 방향키를 눌러 움직였다면 지금은 팩맨 스프라이트가 유령을 피해 스스로 움직이는 모습을 확인할 수 있습니다.

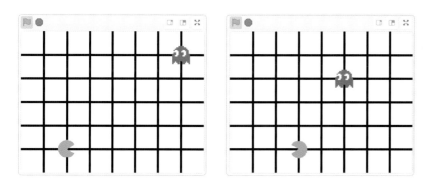

1 프로그램의 제목을 "유령피하기 게임" 또는 원하는 이름으로 입력하고, 파일의 [컴퓨터에 저장하기] 버튼을 눌러 저장합니다.

2 '팩맨' 스프라이트가 유령에 금방 잡힌다면 어떻게 해야 할까요? 다시 처음으로 돌아가 화살표를 움직여 훈련 데이터를 충분히 쌓은 후 머신러닝 모델을 완성하고, 게임 프로그램을 다시 만들어 실행해봅시다.

AI 하우스를 체험해요!

직접 불을 끄지 않아도 내 목소리만으로 불을 끄거나 켤 수 있다면 얼마나 좋을까요?
음성으로 불을 켜고 끌 수 있는 AI 하우스를 체험해보세요.

수업 길잡이

난이도 ★★★☆☆
소요시간 20분 이상
학습영역 인공지능 체험 및
응용
준비물 PC 또는 노트북,
사이트 주소 알기
(ttps://www.ai4children.org)

AI 알고리즘과 프로그래밍을 배워요!

활동 목표
음성 인식과 자연어 처리에 대해 알기

활동 약속
스스로 프로그램 완성하기

성취기준을 달성해요!

수업 활동
6학년 실과 : **[6실04-07]** 소프트웨어가
적용된 사례를 찾아보고 우리 생활에 미치는
영향을 이해한다.

K11-12 : 인공지능이 많은 소프트웨어 및
물리적 시스템을 어떻게 운영하는지 설명한다.
(K12 CSS)

이 놀이는

홈 오토메이션 프로그래밍 예제를 따라하면서 음성 인식과 간단한 자연어 처리 원리를 알아가는 활
동입니다. 예제 프로그램을 따라 만드는 과정에서 사람이 말하는 음성 언어를 컴퓨터가 해석해 그
내용을 문자 데이터로 바꾸는 원리를 이해할 수 있습니다.

음성 인식

1 달튼 학습 연구소(https://www.ai4children.org/)에 접속합니다.

2 사용자 이름, 이메일, 이름, 성, 기관 등의 정보를 입력하고, 개인 계정을 만든 후 로그인합니다.

3 홈 오토메이션을 선택합니다.

4 사람의 음성에 따라 불이 켜지고 꺼지는 AI 스피커 프로그램을 볼 수 있습니다. 이미 프로그램이 완성되어 있으므로 먼저 잘 실행되는지 확인해보겠습니다.

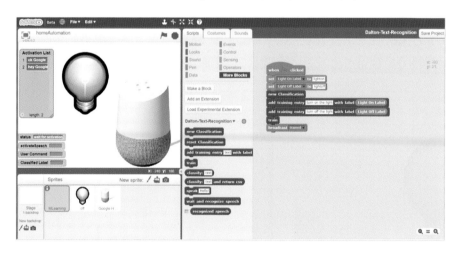

5 녹색 깃발을 눌러 프로그램을 실행합니다.

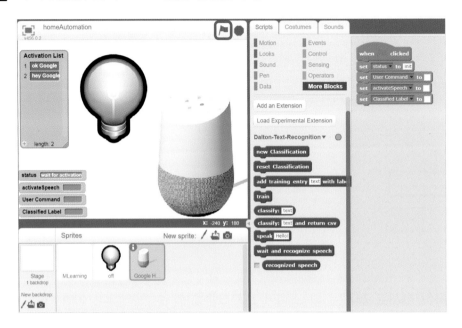

6 실행화면 좌측 상단에 있는 ⟨ok Google⟩ 또는 ⟨hey Google⟩ 중 하나를 말로 합니다. ⟨ok Google⟩ 이라고 말했다면 그 아래에 ⟨ok Google⟩이 인식되었음이 창에 나타납니다.

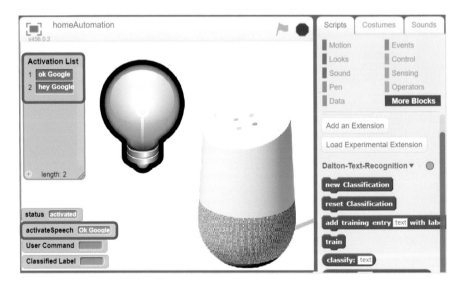

7 ⟨turn on the light⟩를 또박또박 말합니다. '턴 온 더 라이트'라는 음성 명령을 인식하면 마찬가지로 그림처럼 창에 나타납니다.

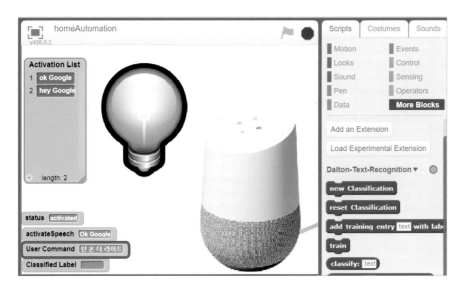

8 음성 명령에 따라 전구에 불이 들어오며 명령을 수행합니다.

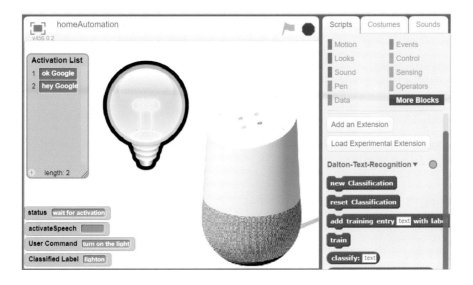

1. 'MLearning' 스프라이트의 코드 중 〈turn on the light〉를 "불을 켜세요."로 〈turn off the light〉를 "불을 끄세요."로 바꿔줍니다.

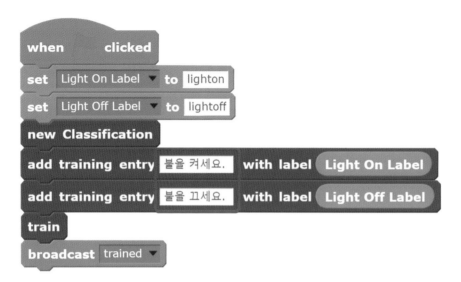

2. 'off' 스프라이트의 코드 중 〈light is turned on〉은 "불을 켰습니다."로 〈light is turned off〉는 "불을 껐습니다."로 바꿔줍니다.

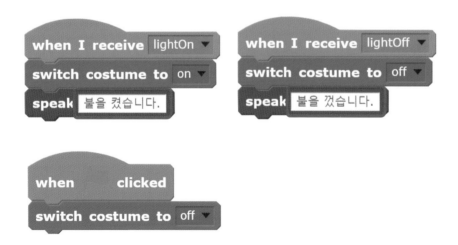

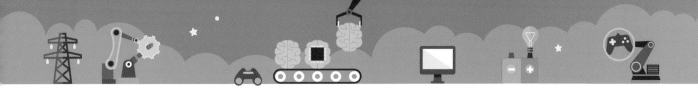

3 〈ok Google〉이라고 말한 후 〈불을 켜세요.〉라고 말합니다. 그리고 제대로 실행하는지 확인해보세요.

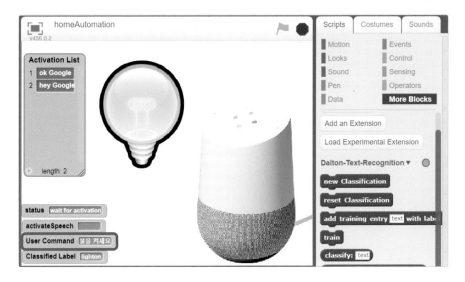

4 〈ok Google〉이라고 말한 후 〈불을 끄세요.〉라고 말합니다. 그리고 제대로 실행하는지 확인해보세요.

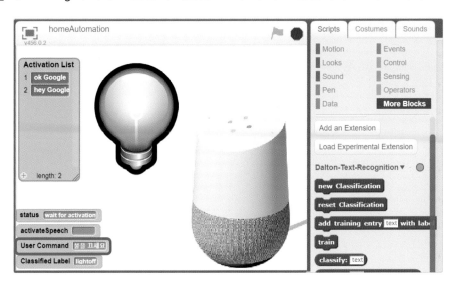

MEMO

❖ 다양한 AI 학습 도구로 쉽게 배우는 인공지능 ❖

인공지능, 스크래치를 만나다

1판 1쇄 발행   2020년 8월 30일

저　자 | 홍지연
발 행 인 | 김길수
발 행 처 | ㈜영진닷컴
주　소 | ㈜08507 서울 금천구 가산디지털1로 128
　　　　STX-V타워 4층 401호
등　록 | 2007. 4. 27. 제16-4189호

©2020. ㈜영진닷컴

ISBN | 978-89-314-6315-6

YoungJin.com **Y.**
영진닷컴

영진닷컴 SW 교육

영진닷컴은 초·중학생들이 SW 교육을 쉽게 배울 수 있도록
언플러그드, EPL, 피지컬 컴퓨팅 등 다양한 도서를 구성하고 있습니다.
단계별 따라하기 방식으로 재미있게 설명하고, 교재로 활용할 수 있도록
강의안과 동영상을 제공합니다.

**인공지능,
언플러그드를 만나다**

홍지연 저

202쪽 | 16,000원

**언플러그드 놀이
코딩 보드게임**

홍지연, 홍장우 공저

172쪽 | 15,000원

**언플러그드 놀이
교과 보드게임**

홍지연, 홍장우 공저

194쪽 | 15,000원

**스크래치야!
과학이랑 놀자 3.0**

김미의, 김현정, 이미향 공저

200쪽 | 12,000원

코딩프렌즈와 함께 하는
엔트리 게임 챌린지

지란지교에듀랩 저

216쪽 | 13,000원

**즐거운 메이커
놀이 활동 언플러그드**

홍지연 저

112쪽 | 12,000원

**즐거운 메이커
놀이 활동 마이크로비트**

홍지연 저

112쪽 | 12,000원

**메이크코드로 만드는
마인크래프트 테마파크**

에이럭스 교육연구소 저

256쪽 | 16,000원

**메이커 다은쌤의
TINKERCAD 2nd Edition**

전다은 저

176쪽 | 13,000원

알버트 AI로봇과 함께하는
즐거운 엔트리 코딩 카드 코딩

홍지연 저

168쪽 | 15,000원

**아두이노,
상상을 현실로 만드는
프로젝트 입문편**

이준혁, 최재규 공저

296쪽 | 18,000원

**마이크로비트,
상상을 현실로 만드는
프로젝트 입문편**

이준혁 저

304쪽 | 18,000원